देवी-देवताओं
की
कहानियाँ

देवी-देवताओं की कहानियाँ

मुकेश 'नादान'

प्रभात प्रकाशन

प्रकाशक
प्रभात प्रकाशन प्रा. लि.
4/19 आसफ अली रोड, नई दिल्ली-110002
फोन : 011-23289777 • हेल्पलाइन नं. : 7827007777
इ-मेल : prabhatbooks@gmail.com ❖ वेब ठिकाना : www.prabhatbooks.com

संस्करण
2026

पेपरबैक मूल्य
तीन सौ पचास रुपए

मुद्रक
आर-टेक ऑफसेट प्रिंटर्स, दिल्ली

———— ★ ————

DEVI-DEVTAON KI KAHANIYAN
by Shri Mukesh 'Nadan'

Published by **PRABHAT PRAKASHAN PVT. LTD.**
4/19 Asaf Ali Road, New Delhi-110002

ISBN 978-93-5266-092-6

₹ 350.00 (PB)

अपनी बात

हिंदू धर्म में देवी-देवताओं की बहुत मान्यता है। घर-घर में अनेक देवी-देवताओं की पूजा-अर्चना प्रेम और विधि-विधान से की जाती है। हिंदू धर्म में ऐसी मान्यता भी है कि इन देवी-देवताओं की संख्या करोड़ों में है। इनके प्रति धर्म, प्रेम और मान्यताओं ने ही इनकी अनेक कथाओं को जन्म दिया। रामायण, गीता उपनिषद आदि अनेक ग्रंथ और पुराणों इन्हीं पूजनीय देवी-देवताओं की रोचक एवं मनोरंजक कथाएँ प्रचलित हैं। प्रस्तुत पुस्तक पुराणों तथा ग्रंथों से चुनी गई ऐसी श्रेष्ठ कथाओं का संग्रह है जो अनेक देवी-देवताओं के रहस्यमयी जीवन की घटनाओं को उजागर करती हैं। पात्र और घटनाओं को ध्यान में रखकर यथा संभव चित्रों को भी स्थान दिया गया है। आशा है पाठकों के लिए ये कथाएँ सुरुचिपूर्ण एवं ज्ञानवर्द्धक सिद्ध होंगी।

–मुकेश 'नादान'

अनुक्रम

अपनी बात *5*

1. समुद्र-मंथन की कथा 9
2. इंद्र और नमुचि की कथा 26
3. गायों की मुक्ति 31
4. मधु-विद्या का रहस्य 37
5. अगस्त ऋषि का शाप 45
6. त्रिपुरासुर संहार कथा 50
7. दरिद्रता का कोप 54
8. कालयवन वध 61
9. शिव की महिमा 65
10. भगवान विष्णु की आराधना 70
11. भक्ति की सामर्थ्य 79
12. मायापति की माया 82
13. शंकर के अंश 87

14. भक्त की पुकार 95
15. भगवान कृष्ण की माया 99
16. सूर्य देव का विवाह 105
17. महिषासुर की कथा 116
18. शिव का वरदान 123
19. माँ दुर्गा की कथा 126

समुद्र-मंथन की कथा

महर्षि दुर्वासा पृथ्वी पर भ्रमण कर रहे थे। तभी उनकी दृष्टि आकाश की ओर उठी और उन्होंने एक विचित्र दृश्य देखा। उन्होंने देखा कि एक अप्सरा हाथ में एक फूल-माला लिए धरती पर उतर रही है। उसके हाथ में लगी उस फूल-माला में इतनी मादक सुगंध आ रही थी कि दुर्वासा का मन उस माला को पाने के लिए लालायित हो उठा। अप्सरा जैसे ही धरती पर उतरी, दुर्वासा तेजी से चलकर उसके समीप पहुँच गए और अप्सरा से बोले, "हे सुंदरी! तुम्हारी यह माला तो बहुत ही सुंदर है, तुम यह माला मुझे दे दो।"

अप्सरा इंकार न कर सकी। वह बोली, "अवश्य लीजिए भगवन्! इस माला के योग्य आप नहीं होंगे तो भला और कौन होगा?" अप्सरा ने वह माला दुर्वासा को दे दी। माला लेकर दुर्वासा आगे चल दिए।

आगे चलकर उन्होंने ऐरावत हाथी पर सवार देवराज इंद्र को आते देखा। उन्होंने वह माला देवराज इंद्र को देते हुए कहा, "हे इंद्रदेव! यह पुष्पहार स्वीकार कीजिए। इसके फूल इतने ताजे

और सुंगधिदायक हैं कि इनसे अभी भी मधुमक्खियाँ मधुर मधु का पान कर रही हैं।"

इंद्र ने वह माला ले तो ली, परंतु उन्होंने उसे अपने गले में नहीं डाला, अपितु हँसी-हँसी में ही माला को ऐरावत हाथी के मस्तक पर रख दिया। ऐरावत हाथी उसकी सुगंध से ऐसा उन्मत्त हो उठा कि उसने वह माला अपनी सूँड से उठाई और उसे भूमि पर फेंक दिया।

यह देखकर महर्षि दुर्वासा क्रोधित होकर बोले, "हे इंद्र! यह कैसा मूर्खतापूर्ण कार्य कर डाला है, तुमने। मैंने तुम्हें दिव्य पुष्पहार, जिसमें स्वयं समृद्धि की देवी श्री वास करती है, भेंट किया और उसका अनादर किया है तुमने। कान खोलकर सुन लो, जिस प्रकार तुमने इस दिव्य पुष्पहार को पृथ्वी पर फेंका है, मैं तुम्हें श्राप देता हूँ कि इसी प्रकार तुम्हारी शासन की सभी शक्तियाँ धूल में मिल जाएँगी।"

इंद्र को अपनी करनी पर पश्चाताप होने लगा। वे ऐरावत हाथी से नीचे उतरे और दुर्वासा के आगे अपना शीश झुकाते हुए बोले, "हे ऋषिवर! मुझसे भारी भूल हो गई। कृपा करके मेरे इस अपराध का क्षमा कर दीजिए।"

किंतु दुर्वासा टस से मस नहीं हुए। वे बोले, "इंद्र! न तो मैं करुणामय हूँ, और न ही मैं आसानी से किसी को क्षमा करता हूँ। मैं तुम्हारी एक भी विनती नहीं सुनूँगा। तुम तो स्वभाव से ही घमंडी हो। तुम क्या समझते हो कि मैं तुम्हारी इस दिखावटी विनम्रता से पसीज जाऊँगा?"

देवराज इंद्र निराश होकर चले गए। दुर्वासा के श्राप के फलस्वरूप उसी दिन से प्रकृति में परिवर्तन होने लगा। पेड़-पौधे कुम्हलाने लगे। इंद्र एवं अन्य देवताओं की शक्तियाँ क्षीण होने लगीं। तब सभी देवता इंद्र के पास पहुँचे और आपस में विचार-विमर्श करने लगे। वासुदेव बोले, "देवराज! मेरे शरीर में तो एकदम से शिथिलता आ गई है। ऐसा लगता है मानो किसी अदृश्य शक्ति ने मेरी सारी शक्ति निचोड़ ली हो। जीवन में कुछ उत्साह ही नहीं रह गया।"

"कुछ ऐसी ही हालत मेरी भी है।" अग्निदेव बोले, "मेरा तो सारा शरीर ही जड़ हो गया है। कुछ काम करने में मन ही नहीं लगता।"

"मैं स्वयं भी उस कारण को समझने में अक्षम हूँ।" देवेंद्र ने कहा, "मेरे शरीर में तो जैसे जान ही नहीं रही है।"

जैसे ही असुरों को देवताओं के शक्तिहीन हो जाने का समाचार मिला, उन्होंने असुराधिपति के नेतृत्व में देवलोक पर धावा बोल दिया।

युद्ध में बहुत से देवता मारे गए, जो बचे, वे अग्निदेव के नेतृत्व में भाग खड़े हुए। स्वयं इंद्र भी किसी प्रकार जान बचाकर देवलोक छोड़ भागे और पर्वत की गिरि-कंदराओं में जाकर छिप गए। अन्य देवता भागकर ब्रह्मलोक में पहुँचे। ब्रह्मलोक मेरू पर्वत पर स्थित था। वहाँ ऊँचे, सघन, वृक्ष, सुवासित सुमन और शीतल झरनों की कोई कमी नहीं थी, किंतु देवताओं को वहाँ की भीनी-भीनी पवन भी कोई ठंडक नहीं पहुँचा सकी। उनका

किसी भी कार्य में मन नहीं लग रहा था। पक्षियों के मधुर गान में भी अब उनकी रुचि नहीं रह गई थी।

देवता ब्रह्मा जी के पास पहुँचे और उन्हें अपनी स्थिति से अवगत कराते हुए बोले, "हे ब्रह्मा! कृपा करके हमारी दशा को देखिए! हमें दुर्वासा मुनि के श्राप से छुटकारा दिलाइए। आप जो कहेंगे, हम वही करेंगे।"

देवताओं की ऐसी दुर्दशा देखकर ब्रह्मा जी का हृदय पसीज गया। उन्होंने थोड़ी देर तक ध्यान लगाया और सर्वशक्तिमान विष्णु का स्मरण किया। फिर वे देवताओं से बोले, "हम सबको मिलकर उनकी शरण में जाना होगा और जिनकी कृपा से देवता-असुर, पशु-पक्षी, पेड़-पौधे, यहाँ तक कि मैं भी, अर्थात् हम सभी जीवित हैं। चलो, भगवान विष्णु के पास चलते हैं और उन्हीं से सहायता की याचना करते हैं। मैं तुम सबको उनके पास ले चलता हूँ।"

ब्रह्मा जी के साथ देवता विष्णु लोक में पहुँचे। उनके तीव्र आलोक से सब चकाचौंध हो उठे और कुछ देर तक तो वे प्रभु को देख ही न सके। फिर सबने झुककर उनकी वंदना की, "हे आदिदेव, प्रणाम! हे सर्वज्ञ प्रभो, आपको कोटिशः नमन!"

तत्पश्चात् में तेजोमय सूर्य के समान भगवान विष्णु उनके सामने प्रकट हुए। देवेंद्र ने उनसे कहा, "हे अंतर्यामी! आपसे कुछ छुपा नहीं है, न अतीत, न वर्तमान! आप हमारी दशा भली-भाँति जानते हैं। कृपा करके असुरों पर विजय पाने में हमारी सहायता कीजिए।"

भगवान विष्णु कुछ देर मौन रहे, फिर बोले, "मेरी बात

ध्यान से सुनो, तभी तुम्हारा कल्याण सुनिश्चित है। तुम्हारे शत्रुओं ने तुम पर विजय प्राप्त कर ली है, इसलिए अभी तुम्हें उनके साथ संधि कर लेनी चाहिए।"

"परंतु देव, हम संधि कैसे करें?" देवेंद्र बोले, "असुर तो हर अवसर पर हमारी दशा से लाभ उठाते हैं। वे हमसे बुरा व्यवहार करते हैं।"

"समय पड़ने पर चूहे और साँप में भी मैत्री हो जाती है।" भगवान विष्णु ने कहा, "इसलिए इस समय असुरों से मित्रता कर लेना ही तुम्हारे हित में है।"

"किंतु भगवन्! हम उनके पास जाने से डरते हैं।" इंद्र बोले।

"तभी तो मैं कहता हूँ कि पहले उनसे संधि करो, उसके बाद समुद्र-मंथन कर अमृत प्राप्त करने का प्रयत्न करो।" भगवान विष्णु ने कहा, "तुम अमृत प्राप्त करने में उन्हीं असुरों की सहायता लो। एक बार यदि तुम लोग अमृत पी लोगे तो फिर तुम्हें उनसे कोई भय नहीं रहेगा।"

"किंतु देव! यदि असुर अमृत निकालने में हमारी सहायता करेंगे तो क्या वे भी उसके भागीदार नहीं होंगे?"

"ऐसा नहीं होगा। वे मंथन में तुम्हारी सहायता अवश्य करेंगे, किंतु अमृत में उन्हें हिस्सा नहीं मिलेगा।" भगवान विष्णु ने देवताओं को आश्वस्त किया।

विष्णु के आश्वासन पर देवताओं की बाँछें खिल गईं। उन्होंने विष्णु को पुनः नमन किया और बोले, "असुरों को समुद्र-मंथन के लिए अवश्य आमंत्रित करेंगे भगवन्।"

देवता असुरों के राजा बलि के पास पहुँचे। वह तीनों लोकों को जीत लेने के पश्चात् विश्राम कर रहा था। असुरों ने जब देवताओं को आते देखा तो वे उन पर आक्रमण करने के लिए तैयार हो गए। लेकिन तभी बलि ने उन्हें रोका और उनसे कहा, "ठहरो! अपने हथियार नीचे कर लो। देख नहीं रहे कि देवता निहत्थे हैं। वे अपने-अपने अस्त्र-शस्त्र त्यागकर हमारे पास आए हैं।"

"लेकिन राजन! वे हमारे शत्रु हैं।" असुर सेनापति ने कहा।

"लेकिन वे शस्त्रविहीन हैं। वे शायद हमसे संधि की बात करने आए हैं, इसलिए उन्हें हमारे पास आने दो।" बलि ने आदेश दिया।

आदेश पाकर असुरों ने अपने शस्त्र नीचे कर लिए। देवता बलि के पास पहुँचे। बलि ने उन्हें बैठने के लिए यथोचित स्थान दिया, फिर उनसे पूछा, "आप लोग इतना संकट उठाकर मेरे पास क्यों आए हैं? क्या कोई प्रस्ताव लाए हैं?"

"हाँ राजन्! बात कुछ ऐसी ही है।" इंद्र ने कहा।

"तो फिर कहो, कौन-सा प्रस्ताव है वह?" बलि ने पूछा।

इंद्रदेव बोले, "पहले आप यह बताएँ कि क्या आप अमरता प्रदान करने वाला दिव्य पेय 'अमृत' प्राप्त करना चाहते हैं?"

अमृत का नाम सुनते ही असुर चौंक पड़े।

तभी राजा बलि ने कहा, "अमृत में तो हमारी सदा से ही रुचि रही है, हम उसे जरूर प्राप्त करना चाहेंगे, लेकिन उसे प्राप्त करना तो असंभव ही है।"

यह सुनकर इंद्र ने बोले, "अब अमृत को प्राप्त करना असंभव नहीं है, असुराधिपति! क्योंकि हमने उसे निकालने का मार्ग खोज लिया है। उसके लिए हमें सबसे पहले क्षीर-सागर को मथना होगा।"

फिर इंद्र ने राजा बलि को विष्णु द्वारा निर्देशित अपनी पूरी योजना समझा दी।

योजना को समझकर राजा बलि ने कहा, "यह योजना तो सचमुच ही बहुत अच्छी है। मैं इस योजना से पूरी तरह सहमत हूँ। किंतु पहले मुझे अपने मंत्रियों से विचार-विमर्श करना पड़ेगा।"

"तो कीजिए न राजन्!" इंद्र बोले, "हम प्रतीक्षा कर लेते हैं।"

बलि ने अपने प्रमुख मंत्रियों—शंबर, अरिष्टनेमि, पौलोम और कालकेय आदि से सलाह की। सभी ने उस योजना का स्वागत किया। इस प्रकार कुछ समय के लिए देवता और असुरों में मैत्री (संधि) हो गई।

योजनानुसार दोनों पक्ष दूध के समुद्र अर्थात् क्षीर-सागर पर जा पहुँचे। उन्होंने अनेक प्रकार की जड़ी-बूटियाँ सागर में डालीं। अब प्रश्न पैदा हुआ सागर को मथने का। तब राजा बलि ने अपने मंत्रियों से कहा, "हमारी तैयारी तो हो गई, किंतु यह समुद्र तो बहुत ही विशाल हैं, इसे मथेंगे किससे?"

"सिर्फ एक पर्वत से ही मथानी का काम हो सकता है।" कुछ सोचते हुए शंबर ने उत्तर दिया।

इस पर असुरों की परेशानी को भाँप इंद्र ने उनसे कहा,

"भगवान विष्णु ने मंदिराचल पर्वत उखाड़कर उसका उपयोग करने को कहा था। आप सब लोग हमारे साथ चलिए। हम मंदिराचल को उखाड़कर लाएँगे और उसका उपयोग मथानी के रूप में करेंगे।"

मंदिराचल पर्वत बहुत ही विशाल था। उसके शिखर बादलों से बातें करते थे। वह ग्यारह हजार योजन ऊँचा था और लगभग उतना ही गहरा भूमि में धँसा हुआ था।

सबने मिलकर जोर लगाया और अंततः उसे भूमि से उखाड़ दिया। देवता और असुर उसे समुद्र की ओर ले चले। सभी बलशाली एवं पराक्रमी थे, फिर भी पर्वत के बोझ से वे हाँफ-काँप रहे थे। समुद्र तक का रास्ता उन्हें भारी पड़ रहा था। आखिरकार दोनों ही पक्षों की शक्ति जवाब दे गई। उनके हाथों से पर्वत गिर पड़ा और उसके नीचे दबकर अनेक देवता व असुर मौत के मुँह में चले गए। देवताओं एवं असुरों की चीखों से आसमान गूँजने लगा। देवराज इंद्र और राजा बलि दोनों ही निराश भाव से खड़े होकर विचार में डूब गए कि अब क्या करें?

तभी उनकी निराशा आशा में बदल गई। भगवान विष्णु गरुड़ पर सवार होकर वहाँ आ पहुँचे। उन्हें देखकर दोनों पक्षों में खुशी की लहर दौड़ गई। भगवान विष्णु ने अपनी दृष्टि मृत पड़े देवताओं और दैत्यों पर डाली। उनकी कृपा दृष्टि पड़ते ही सभी मृत पड़े सुर और असुर पुनः जीवित गए। भगवान विष्णु ने एक हाथ से सहज ही मंदिराचल पर्वत को उठा लिया और उसे गरुड़ की पीठ पर रख दिया। तत्पश्चात् विष्णु स्वयं गरुड़ पर सवार

हुए और क्षीर-सागर की ओर उड़ चले। वहाँ पहुँचकर गरुड़ ने धीरे से पर्वत को सागर में रखा और फिर भगवान विष्णु को लेकर उड़ गया।

अब प्रश्न यह था कि मथने के लिए नेति किसे बनाया जाए? यहाँ पर भी भगवान विष्णु द्वारा इंद्र को बताई गई युक्ति काम आई। उन्होंने नागों के राजा वासुकि को इस काम में प्रयुक्त करने का निश्चय किया। तब देवता और असुर नागों के राजा वासुकि के पास पहुँचे और उनसे प्रार्थना की, "हे वासुकि! हमारे साथ चलकर समुद्र-मंथन में हमारी सहायता कीजिए। मंथन के पश्चात् समुद्र में से जो अमृत निकलेगा, उसमें आप भी भागीदार होंगे।"

अमृत के लालच में नागराज वासुकि ने तुरंत सहमति व्यक्त कर दी। वे देव और असुरों के साथ क्षीर-सागर की ओर चल पड़े। वहाँ पहुँचकर देव और असुरों ने उन्हें रस्सी की तरह मंदिराचल के चारों ओर लपेट दिया।

अब मंथन की प्रक्रिया शुरू हुई। देवता वासुकि के सिर वाला हिस्सा पकड़ने को आगे बढ़े तो असुरों ने इसका प्रतिवाद किया। उन्होंने सिर वाला हिस्सा स्वयं पकड़ने की जिद की। इंद्र तो ऐसा चाहते ही थे। वे जान-बूझकर वासुकि के सिर की ओर बढ़े थे, ताकि उनका विरोध करने के लिए असुर स्वयं सिर वाला हिस्सा थामने की जिद करें। मन-ही-मन मुसकराते हुए इंद्र पूँछ वाले हिस्से की ओर बढ़ गए। इस प्रकार देवताओं ने वासुकि के पूँछ वाला हिस्सा थामा और असुरों ने उसके आगे का भाग।

मंथन आरंभ हो गया।

इसके पश्चात् एक नई बाधा और आ गई। मंदिराचल के नीचे कोई आधार तो था नहीं, अतः वह धीरे-धीरे अपने भारी बोझ से समुद्र-तल की ओर खिसकने लगा। अब तो देव और असुर दोनों ही घबरा उठे। अब क्या करें? कैसे रोकें पर्वत को नीचे धँसने से? यह प्रश्न उनके सामने ज्वलंत हो उठा।

इस बार भी भगवान विष्णु उनकी सहायता करने के लिए पधारे। एक विशाल कछुए का रूप धारण करके वे समुद्र-तल में जा पहुँचे और मंदिराचल पर्वत को अपनी पीठ पर टिका लिया। दोनों पक्षों ने फिर से मंथन का कार्य शुरू कर दिया। भगवान विष्णु की कृपा से देवताओं और असुरों एवं वासुकि में नई शक्ति का संचार हो गया था, अतः मंथन की गति तेज और तेज होती गई। वासुकि के अनेक मुख अग्नि और धुआँ उगलने लगे। इस गरम, घने एवं जहरीले धुएँ ने असुरों को, जो वासुकि के सिर के पास थे, चारों ओर से ढक लिया। वे बुरी तरह से चीखने-चिल्लाने लगे। असुरों के अनेक पराक्रमी वीरों–पौलोम, कालकेय, इल्वल आदि का रंग बदरंग हो गया। वे किसी दावानल द्वारा झुलसाए पौधों की भाँति सूख गए।

देवता भी धुएँ से अछूते नहीं रह सके। किंतु भगवान विष्णु ने उन पर शीतल जल की फुहारें छोड़कर उनमें स्फूर्ति भर दी। देवता और असुर मथते गए, मथते गए। मंथन से अनेक प्रकार की मछलियाँ एवं जहरीले सर्प बाहर निकले। फिर निकला भयंकर विष, जो घने धुएँ के समान भू-मंडल पर छा गया। यह देखकर

देवता चिल्ला उठे, "साथियों! बचो। यह भयंकर विष हलाहल है। शीघ्र ही यह जगत पर छाकर सब जीवों के प्राण ले लेगा।"

व्याकुल होकर देवताओं ने इस बार भगवान शंकर को पुकारा, "हे शिव शंकर! हे अभ्यंकर! हम लोग मृत्यु के मुख में जा रहे हैं। हमारी रक्षा कीजिए, देव!"

शिवजी ने देवताओं की पुकार सुनी। वे तुरंत कैलाश छोड़कर देवताओं की रक्षा के लिए उनके पास पहुँचे। उन्होंने उस विष को अपनी अंजुली में भरकर पी लिया, किंतु उसे अपने कंठ से नीचे नहीं उतरने दिया। हलाहल पी लेने से उनका कंठ नीला पड़ गया, और कंठ नीला हो जाने के कारण उनका नाम पड़ गया—नीलकंठ! देवताओं ने उन्हें नमन किया, "हे नीलकंठ! हमारी प्रार्थना सुन लेने के लिए आपको बारंबार प्रणाम। हम आपके अत्यंत आभारी हैं। हे देव! आपने हमारी पुकार सुनकर हमारी जो सहायता की है, उसे हम सदैव याद रखेंगे।" शिवजी ने मुख से कुछ कहा नहीं, वे सिर्फ मुसकराते रहे।

इसके पश्चात् मंथन से समुद्र में से 'सुरभि' नाम की एक गाय प्रकट हुई। तत्पश्चात् श्वेत धवल उच्चैश्रवा घोड़ा, फिर निकलीं कुछ परम-सुंदर अप्सराएँ। इनके बाद दिव्य वृक्ष पारिजात प्रकट हुआ और पारिजात के पश्चात् प्रसाद भरे नेत्रों वाली मदिरा की देवी वारुणि प्रकट हुई।

और इनके पश्चात् समुद्र में से रूपमती, कांतिमयी देवी 'श्री' बाहर आईं। उनका रूप निहारकर देवता और असुर दोनों ही विचलित हो उठे। सभी दौड़-दौड़कर उनका स्वागत करने लगे।

इंद्र ने उन्हें एक आसन प्रस्तुत किया। गंगा एवं अन्य पवित्र नदियों ने स्वर्ण-कलशों में पवित्र जल लाकर उनके चरण धोए। ऋतुराज वसंत फल और फूल ले आए। अप्सराओं ने उनके सामने नृत्य आरंभ कर दिया। मेघों ने तरह-तरह के वाद्य एवं शंख बजाकर उनका संगीतमय स्वागत किया। जल के देवता वरुण ने सुवासित वैजयंती माला उन्हें भेंट की।

मंगलाचरण की इन विधियों के पूरे होने पर 'श्री' (लक्ष्मी जी) उठ खड़ी हुई। वे चारों ओर दृष्टि डालते हुए किसी ऐसे व्यक्ति को खोज रही थीं, जो सर्वगुण-संपन्न हो। अंत में उन्होंने भगवान विष्णु का चयन किया और हाथ में थमी वैजयंती माला उन्हें पहना दी।

मंथन पुनः प्रारंभ हुआ। एक-एक करके अनेक वस्तुएँ समुद्र के गर्भ से निकलती गईं। इस प्रकार तेरह वस्तुएँ निकलने के बाद अंत में दिव्य चिकित्सक धनवंतरि अपने हाथों में अमृत-कलश थामे समुद्र से बाहर आए। उन्हें देखकर देवताओं ने परम-संतुष्टि का अनुभव किया।

अभी वे उनका स्वागत करने के लिए आगे बढ़े ही थे कि असुर पक्ष में भयंकर कोलाहल आरंभ हो गया। अमृत-कलश को छीनने के लिए असुर धन्वंतरि की ओर दौड़ पड़े। एक असुर ने झपटकर धनवंतरि के हाथ से अमृत-कलश छीन लिया और उसे आकाश की ओर ले उड़ा। देवताओं ने उसका पीछा किया और अंततः अमृत-कलश वापस ले लिया। इस छीना-झपटी में कलश का अमृत छलककर नीचे सरिताओं में गिर गया। वे नदियाँ

थीं–गंगा, नर्मदा एवं शिप्रा नदी। जहाँ-जहाँ अमृत-कलश से अमृत नीचे गिरा था, वहाँ-वहाँ आज भी कुंभ के मेले लगते हैं।

असुरों की इस छीना-झपटी को देखकर भगवान विष्णु चिंतित हो गए। उन्होंने तुरंत एक मोहिनी स्त्री का रूप धारण किया और उस ओर बढ़ चले, जहाँ अमृत पाने के लिए देवताओं और असुरों में छीना-झपटी चल रही थी। तभी अचानक असुरों की नजरें मोहिनी पर पड़ीं, जो रसीले हाव-भाव एवं कटाक्ष बिखेरती उन्हीं की ओर आ रही थी। मोहिनी को देख असुर अमृत पीना भूल गए और एकटक उसकी ओर देखने लगे।

"कैसा अनुपम सौंदर्य है?" कालकेय असुर के मुँह से निकला।

"हाँ, और रूप भी कितना मनोरम है?" पौलोम बोला।

"क्यों न हम इससे ही कहें कि यह अमृत हमें बाँट दें।" इल्वल ने सलाह दी।

"इसके हाथों से अमृत पीकर मैं तो धन्य हो जाऊँगा।" एक अन्य असुर ने लार टपकाते हुए कहा। "चलो, चलकर उससे बातें करते हैं।" इल्वल बोला और मोहिनी की ओर बढ़ गया।

इस बार वह असुर, जिसने अमृत-कलश अब भी कब्जाया हुआ था, आगे आया। उसने मोहिनी से कहा, "लो, सुंदरी! यह अमृत-कलश लो और अपने हाथों से हम सबमें अमृत बाँट दो।"

तब मोहिनी ने इठलाते हुए मादक स्वर में उससे कहा, "अरे असुर लोगों! तुम लोग मेरे पीछे क्यों पड़ गए हो? मैं तो एक नारी हूँ। क्या आप नहीं जानते कि नारियाँ कितनी चंचल होती हैं?"

प्रत्युत्तर में कई ठहाके उभरे। फिर पौलोम असुर ने कहा, "तुम्हारी बात सत्य है, सुंदरी! किंतु हमें तुम पर विश्वास है। इसलिए हमारी इच्छा है कि तुम यह अमृत हम सबको बराबर-बराबर बाँट दो।"

"अच्छा, किंतु तुम्हें मेरा निर्णय स्वीकार करना होगा, चाहे तुम उससे सहमत हो या न हो।" मोहिनी ने कहा।

"तुम्हारा कोई भी कार्य हमें अप्रिय लग ही नहीं सकता।" पौलोम की कामुक आवाज गूँजी।

मोहिनी ने कुछ क्षण विचार किया। वह सोचने लगी, 'इन्हें अमृत दे देना तो जहरीले साँपों को दूध पिलाने के समान होगा। नहीं, नहीं! इन्हें अमृत हरगिज भी नहीं मिलेगा।'

इस बीच देवता और असुर दो कतारें बाँधकर चुपचाप खड़े हो गए।

मोहिनी जब राहु को अमृत पिलाने लगी तो देवता चिल्ला उठे, "ठहरो देवी मोहिनी! इसे अमृत मत पिलाना। यह देवता नहीं है।"

अमृत मुश्किल से राहु के कंठ तक ही पहुँचा था कि विष्णु ने तुरंत अपना सुदर्शन चक्र राहु के सिर की ओर फेंक दिया। सुदर्शन चक्र ने राहु का सिर काट डाला। उसका मस्तकविहीन सिर जब पृथ्वी पर गिरा तो धरती फट गई और पर्वत डाँवाडोल हो गए। असुर राहु का कटा सिर भयंकर गर्जना करता हुआ आकाश की ओर उड़ चला। आज तक भी राहु के सिर और सूर्य एवं चंद्रमा के बीच संघर्ष चल रहा है। राहु का सिर नियमित अवधि

के बाद सूर्य और चंद्रमा को ग्रस लेता है, जिससे ग्रहण होते हैं।

राहु के साथ ऐसा होते देख आखिरकार असुरों को होश आ गया। उन्होंने मोहिनी के रूप में विष्णु को पहचान लिया। तब वे विष्णु द्वारा किए गए छल से बहुत कुपित हुए और जोर-जोर से चीखने-चिल्लाने लगे, "हमें भी अमृत दो। हमारा भी इस पर हक है।"

और इस हड़बड़ी के बीच बहुत से देवताओं ने झटपट अमृत पी लिया और वे अमर हो गए।

इधर असुर भली-भाँति अस्त्र-शस्त्रों से लैस होकर देवताओं पर झपट पड़े। और तब उस विशाल समुद्र के तट पर देवताओं और असुरों में भयंकर संग्राम छिड़ गया। देवताओं ने असुरों पर नुकीले भाले-बरछे फेंके। असुर बड़ी संख्या में मारे गए। स्वर्ण-मुकुटों से सजे उनके सिर रणभूमि में जहाँ-तहाँ लोटने लगे। युद्ध के गर्जन और कराहों से वातावरण गूँजने लगा। युद्ध अपनी चरम सीमा पर पहुँच चुका था। तभी स्वयं विष्णु युद्ध-भूमि में पहुँचे। कुछ क्षण उन्होंने दोनों पक्षों की ओर देखकर विचार किया कि दोनों ही पक्ष समान रूप से शक्तिशाली हैं पर देवता कुछ शिथिल पड़ते नजर आ रहे हैं। शायद उन्हें मेरी सहायता की जरूरत है। ऐसा विचारकर उन्होंने सुदर्शन चक्र का आह्वान किया, जो पलक झपकते ही भगवान विष्णु के हाथ में पहुँच गया।

भगवान विष्णु ने असुरों का निशाना साधकर सुदर्शन चक्र उन पर फेंका। चक्र तेजी से घूमता हुआ असुरों की ओर बढ़ा और उनका विनाश करने लगा। समर-भूमि में असुरों की आहें-कराहें

गूँजने लगीं। किंतु असुर इतनी आसानी से हार मानने वाले नहीं थे। वे युद्ध-भूमि छोड़कर आकाश की ओर उड़ गए और वहीं से विशालकाय पर्वत उठा-उठाकर देवताओं पर फेंकने लगे। पर्वतों के टकराने से भयंकर गर्जन होने लगा, वन, वृक्ष, पृथ्वी सभी थरथरा उठे।

एक बार फिर भगवान विष्णु ने देवताओं की रक्षा की। उन्होंने अपने बाण चलाकर नीचे नीचे गिरते हुए पर्वतों को चूर-चूर कर दिया। असुरों की अंतिम चाल भी निष्फल रही। अपनी हार मानकर उनमें से कुछ चीखते-चिल्लाते हुए पृथ्वी के गर्भ में समा गए, और कुछ समुद्र में कूद गए। विजयी देवताओं ने मंदिराचल पर्वत को फिर से उसके स्थान पर स्थापित कर उसकी स्तुति की। देवताओं की मनोकामना पूरी हुई। अमृत पीकर वे अमर हो गए। हर्षोल्लास मनाते हुए जब वे अपने-अपने धाम की ओर चले तो उनके जयघोष से आकाश गूँज उठा।

□

इंद्र और नमुचि की कथा

नदी के किनारे पर सघन वृक्षों की गहरी छाया में एक रमणीय एवं शांत ऋषि-आश्रम था। दैनिक यज्ञ की आहुतियों से आस-पास का वातावरण सुरभित व सुगंधित रहता था। ऋषियों की पवित्र साधना के आलोक से समस्त वन प्रदेश आलोकित था। यहाँ किसी भी प्राणी में वैर-भाव दिखाई नहीं देता था। सर्वत्र शांति थी।

इसी आश्रम में अन्य ऋषियों के साथ मनु यज्ञ-कार्य में लगे हुए थे। अचानक यज्ञ-स्थल में भगदड़ मच गई, ऋषिगण भयभीत हो गए। सन्निपात की तरह उनके हाथों से हवन सामग्री जमीन पर गिर गई। देखते-ही-देखते मायावी असुर नमुचि ने सारा यज्ञ भंग कर दिया। यज्ञ की अग्नि शांत कर दी गई। दुखी ऋषिगण भय के मारे इधर-उधर छिप गए।

असुर नमुचि की माया एवं क्रूर व्यवहार से देवता व मानव दोनों ही क्षुब्ध थे। मानवों द्वारा किए जाने वाले यज्ञ-कार्य से देवताओं के पास पहुँचने का सरल मार्ग नमुचि के द्वारा रोक दिया गया। यज्ञादि कर्म करना कठिन हो गया।

इस मायावी असुर नमुचि से छुटकारा पाने के लिए ऋषियों तथा मनु ने इंद्र का सहारा लेने का निश्चय किया। उन्होंने इंद्र की प्रार्थना की। प्रार्थना सुनकर इंद्र का ध्यान असुर नमुचि के संहार की ओर गया।

पराक्रमी इंद्र अपने वज्र से असुर नमुचि का संहार करने हेतु उद्यत हुए तो मायावी असुर ने उनके प्रहार को शून्य बना दिया। मायावी असुर की मायावी शक्ति को पराक्रमी इंद्र ने पहले नष्ट करने का विचार बनाया। उन्होंने सोचा कि नमुचि में माया-शक्ति और आसुरी-शक्ति दोनों हैं। जब तक माया-शक्ति का नाश नहीं होगा, नमुचि को तब तक जीतना सरल नहीं। अतः इंद्र ने अपनी दैविक-शक्ति से नमुचि को माया-शक्तिहीन कर दिया। असुर की एक शक्ति नष्ट हो गई थी।

माया-शक्ति के नष्ट हो जाने से नमुचि अपने आपको इंद्र से हीन समझने लगा और वह इंद्र के भय से दूर देश में पलायन कर गया।

इंद्र नमुचि को मारने का संकल्प ले चुके थे। वे उसका पीछा करते हुए वहीं पहुँच गए। दोनों के मध्य पुनः युद्ध छिड़ गया। नमुचि इंद्र के वज्र प्रहार से बार-बार बच जाता था। उसकी शारीरिक चुस्ती-फुरती और युद्ध-कौशल ने इंद्र के प्रहारों को निष्फल कर दिया। नमुचि की शक्ति देखकर अश्विनी कुमार इंद्र की सहायता हेतु युद्ध-स्थल पर पहुँचे। मरुत भी इस महाभयंकर सुर-असुर संग्राम को देखने के लिए युद्ध-भूमि में पहुँच गए।

अब नमुचि ने इंद्र को परास्त करने के लिए एक उपाय

सोचा। उसने अपनी मायावी आसुरी विद्या का ह्रास तो देखा ही था अत: उसके मन में यह विचार आया कि युद्ध में अपनी ओर से अत्यंत सुंदर युवतियों को इंद्र के सम्मुख खड़ा कर दें। इंद्र विलासी हैं, वे इनके रूप-सौंदर्य के जाल में फँस जाएँगे और इस प्रकार उन पर विजय सहज ही प्राप्त हो जाएगी।

परंतु बात उलटी हो गई। नमुचि की यह योजना इंद्र ने विफल कर दी। इंद्र तो दैत्य-वध के लिए कटिबद्ध थे। वे युद्ध-भूमि के लिए अपना वज्र धारण करके निकल पड़े। नमुचि ने जिन दो सर्वश्रेष्ठ रूपमती स्त्रियों को इंद्र के पास प्रेम-जाल में फँसाने के लिए भेजा था, इंद्र ने उन्हें बंदी बना लिया। वे उनके रूप-सौंदर्य से विचलित नहीं हुए। युद्ध करने के लिए इंद्र आगे बढ़ गए।

उनकी सहायता के लिए अश्विनी कुमार उनके साथ थे। युद्ध के लिए अनुकूल वातावरण एवं अमोघ शक्ति की आवश्यकता होती है। वातावरण की सृष्टि तो अश्विनी कुमारों के उत्तेजक स्वर कर ही रहे थे। अमोघ शक्ति के लिए अश्विनी कुमारों ने इंद्र को सोम-पान कराया। सोम पीते ही इंद्र ने अतुलित बल का अनुभव किया। उनकी भाव-भंगिमा क्रोध के कारण चढ़ गई। नेत्र रक्तरंजित हो गए, बाहुएँ फड़फड़ाने लगीं और शरीर में रक्त का संचार प्रचुर मात्रा में बढ़ गया। उनका रूप अत्यंत उग्र हो गया। रुद्र-रूप इंद्र नमुचि की सेना पर टूट पड़े।

इंद्र ने भयंकर गर्जना की। उस गर्जना के सम्मुख मेघ-गर्जन भी फीका पड़ गया। उनका रूप अत्यंत उग्र हो गया। वे असुर

वध की तीव्र आकांक्षा से युद्ध में प्रलय की भाँति इधर-उधर प्रहार कर शत्रु सेना का संहार करते रहे। शत्रु सेना का संहार हो गया। नमुचि यह सब स्तंभित होकर देख रहा था। उसने युद्ध-भूमि से भागकर प्राण बचाने का निश्चय किया।

नमुचि छिप-छिपकर युद्ध-भूमि छोड़ रहा था। इंद्र ने चारों ओर उसकी तलाश की, किंतु वह दिखाई नहीं दिया तो इंद्र समझ गए कि शत्रु युद्ध-भूमि छोड़कर गुप्त रूप से कहीं छिप गया है।

इधर नमुचि अपने प्राण बचाने के लिए भाग रहा था। इंद्र भी प्रबल वेग से उसके समीप पहुँच गए। नमुचि ने अपने शत्रु इंद्र को अपने सामने देखा तो होश-हवास गँवा बैठा। अस्त्र-शस्त्र उसके हाथ से छूट गए। वह बलहीन व शस्त्रहीन हो गया था। इंद्र ने नमुचि को पकड़ लिया। प्राणियों की रक्षा के लिए नमुचि को मारना अपना धर्म समझकर इंद्र उस पर वज्र से प्रहार करना चाहते थे, किंतु अस्त्र-शस्त्रहीन शत्रु पर अस्त्र-शस्त्रों से प्रहार नहीं करना चाहिए, यह युद्ध-नीति है, ऐसा मानते हुए इद्र ने उस पर वज्र से प्रहार नहीं किया। इंद्र ने जल-राशि से फेन एकत्रित करके उनसे नमुचि का सिर फोड़ दिया और शरीर को मरोड़कर उसकी हड्डी-पसली एक कर दी। इंद्र के इस पराक्रम की देवताओं ने स्तुति की। नमुचि के हनन से मनु व ऋषियों का मार्ग सरल हो गया। असुर आतंक समाप्त हो गया, यज्ञ-आहुतियाँ होने लगीं। देवता यज्ञ-मार्ग स्वीकार करने लगे। चारों ओर प्रफुल्लता छा गई। इंद्र की जय-जयकार से पृथ्वी और आकाश गूँज उठे।

□

गायों की मुक्ति

सभी देवता अपनी-अपनी साधना में व्यस्त थे। तभी एक विषाद् स्वर गूँजा। देवता उद्विग्न हो गए। गोपाल ने आकर कहा कि चोर गायों को चुराकर ले गए, बाड़ा खाली है।

एक क्षोभ भरी आवाज आई, "किसने साहस किया है हमारे गुरुदेव की गाएँ चुराने का?"

देवताओं के गौरव को जैसे ठेस लगी। वे स्तब्ध थे। एक स्वर में आवाज आई, "हमारे बल को धिक्कार है।" स्वर में अपने प्रति तिरस्कार था। गाएँ कौन ले गया? सभी सोच-विचार में थे। तभी किसी ने कहा, "गायों को पणियों ने चुराया है।" यह सुनकर सभी के हृदय को ठेस लगी। चिंतायुक्त वाणी में एक स्वर में आवाज आई, "गाय यज्ञ की आधारभूता है। अब यज्ञ कैसे होगा?"

"यह तो बहुत बुरा हुआ।" किसी ने कहा, "हम इंद्र के शासन में अपने आपको अरक्षित महसूस कर रहे हैं।"

गायों की चोरी की बात इंद्र तक पहुँची। इंद्र तुरंत गुरु बृहस्पति के पास पहुँचे, प्रणाम करके गुरुदेव से पूछा, "गुरुदेव!

गायों की चोरी का समाचार सुनकर हमें दुःख हुआ। गायों का हरण किसने किया है?"

उत्तर मिला, "देवेंद्र! पणियों ने।"

यह सुनकर इंद्र के ललाट की रेखाएँ संकुचित हो गईं। गंभीर मुद्रा में उनके मुख से सहज ही निकला, "हूँ।"

इंद्र ने तुरंत गुप्तचर सरमा को बुलाने के लिए दूत भेजा। सरमा उपस्थित हुई। इंद्र के सम्मुख हाथ जोड़कर प्रणाम करते हुए निवेदन किया, "पुरंदर! आज्ञा कीजिए।"

इंद्र बोले, "सरमा! तुम कार्यकुशल हो, वाक्पटु हो, चतुर हो और श्रेष्ठ गुप्तचर हो।"

सरमा ने सादर मस्तक नत किया और आदेश की प्रतीक्षा में चुपचाप खड़ी रही।

सुरपति ने कहा, "सरमा! तुम्हें पणियों का ज्ञान है। तुम जानती हो वे क्रूर हैं, अनिष्टकर हैं, अनुपकारी हैं, शत्रुता रखने वाले हैं।"

"जानती हूँ, महाराज!" सरमा ने विचार करते हुए उत्तर दिया।

देवेंद्र पणियों के विषय में पुनः बोले, "सरमा! वे वृक हैं, कृपण हैं। गाय उनकी संपत्ति है। उन्होंने गायों के दूध से घृत खोज निकाला है। वे देवताओं के शत्रु हैं। वे मनुष्यों के भी शत्रु हैं। वे दस्यु हैं। वे गुह्यशक्ति से युक्त हैं।"

सरमा ने हाथ जोड़ते हुए कहा, "मैं यह सब जानती हूँ देवेंद्र!"

इंद्र गहरी साँस लेकर बोले, "सरमा! तुम उनकी मनोवृत्ति को समझती हो। उनके आचरण तथा व्यवहार का तुम्हें ज्ञान है। महर्षि अंगिरस तुम्हारी अनुपम शक्ति को जानते हैं। उनके कहने के आधार पर ही मैंने तुम्हें दौत्य-कार्य के लिए स्मरण किया है।"

सरमा ने विनयपूर्वक कहा, "सुरपति! यह आपकी कृपा है। यह मेरा अहोभाग्य है कि आपने मुझे इस कार्य के लिए बुलाया है। मैं पूर्ण मनोबल से इसे पूरा करूँगी।"

इंद्र बोले, "सरमा! दूत की वाणी शुद्ध व स्वर मधुर होता है। विनयशील, अक्रोधी, दूसरों की बातें सुनकर उन्हें गोपनीय रखना दूत का स्वभाव है। किसी भी अवस्था में आवेश में न आना तथा किसी प्रश्न या विषय पर आतुरता प्रकट नहीं करना दूत के गुण हैं। मुझे आशा है कि तुम अपने कार्य में अवश्य सफल होओगी।"

सरमा देवेंद्र द्वारा कहे गए शब्दों को बहुत ध्यान से सुन रही थी। उसने इंद्र को विश्वास दिलाते हुए कहा, "शतमन्यु! मैं आपके आदेशों का अक्षरशः पालन करूँगी।"

सुरमति इंद्र ने पणियों के पास संदेश देते हुए कहा, "सरमा! पणियों के पास जाकर गायों का पता लगाना। उन्हें समझाना कि संघर्ष की अपेक्षा शांति से वे गुरुदेव बृहस्पति की गाएँ लौटा दें, अन्यथा हमें आक्रमण करना होगा।"

सरमा ने इंद्र को नमस्कार करते हुए निवेदन किया, "देवेंद्र! आपको किसी भी प्रकार की शिकायत नहीं होगी।"

सरमा शांत-चित्त से अपने कर्त्तव्य-पथ पर चल दी। मार्ग में उसे रसा नदी का तेज बहाव मिला। उसने उसकी चिंता नहीं की। कठोर श्रम से वह नदी के पार पहुँच गई।

सरमा को अपनी ओर आते देखकर पणियों को बहुत आश्चर्य हुआ। वे सरमा के निकट पहुँचे और उससे पूछा, "सरमा! तुम यहाँ किसलिए आई हो? यह स्थान दुर्गम है। यहाँ आने वाला पुनः पीछे फिरकर नहीं देख सकता। अपने आने का कारण बताओ।"

सरमा ने मुसकराते हुए विनम्र स्वर में कहा, "तथापि आ गई हूँ।" पणि उसकी ओर भेदपूर्ण दृष्टि से देख रहे थे। गुप्तचर सरमा उनके हाव-भाव देख रही थी। वह मधुर स्वर में बोली, "पणिगण! मैं इंद्र की दूत रूप में विचरण कर रही हूँ। आपने गुरु बृहस्पति की गायों को यहाँ संचित कर रखा है। मैं उन्हें लेना चाहती हूँ।"

पणियों ने सरमा की बात को बहुत उत्सुकता से सुना। सुनने के पश्चात् उन्होंने सरमा ने कहा, "सरमे! हम इंद्र से मित्रता करना चाहते हैं। उनके आगमन का हम स्वागत करेंगे। वे चाहें तो हमारी गाएँ भी ले सकते हैं।"

पणियों के इस कथन में व्यंग्य था। उनके व्यंग्य-भाव को सरमा भली प्रकार समझ रही थी। सरमा ने पणियों के सम्मुख इंद्र की शक्ति का वर्णन किया। इंद्र के बल का सुस्पष्ट भाषा में वर्णन सुनकर पणि गंभीर हो गए। उन्होंने परस्पर विचार-विनिमय किया, तत्पश्चात् बोले, "सुभगे! तुम दिव्य-लोक से चलकर

यहाँ गाएँ लेने आई हो। हम उन्हें स्वेच्छा से देने को तैयार हैं। वैसे बिना युद्ध के कौन अपनी गाएँ देना पसंद करेगा। हम लोग भी तीक्ष्ण हथियारों से संपन्न हैं।"

सरमा ने गंभीरतापूर्वक कहा, "आपके मन में पाप ने स्थान बना लिया है। वीरों जैसे वचन आप लोगों के मुख से शोभा नहीं देते। हमें डर है कि कहीं आपके शरीर इंद्र के बाणों से नष्ट न हो जाएँ। हमारा अनुरोध है कि यदि आप देवगुरु बृहस्पति की गाएँ वापस नहीं करेंगे तो आपके सम्मुख अनेक विपत्तियाँ उत्पन्न हो सकती हैं।" सरमा द्वारा नीति के उपदेश ने पणियों में ईर्ष्या का भाव पैदा कर दिया। उन्होंने अपनी वाणी में बल का प्रदर्शन करते हुए कहा, "इती! हमारा यह स्थान पर्वत से सुरक्षित है। हम गौ, अश्व तथा अनेक प्रकार की संपत्तियों से संपन्न हैं। अनेक वीर हमारे स्थान की सुरक्षा के लिए तैनात हैं। सरमा! तुमने व्यर्थ ही आने का कष्ट किया है।"

सरमा उनकी गर्व से युक्त वाणी को शांत भाव से सुनती रही। उसे चुपचाप देखकर पणियों ने प्रलोभन देते हुए कहा, "सरमा! तुम देवताओं के डर से यहाँ आई हो। हम तुम्हें अपनी बहिन बनाते हैं और तुम्हें बहिन का पूरा भाग देंगे। तुम यहीं निवास करो।"

सरमा पणियों के प्रलोभन भरे शब्दों को सुनकर बोली, "पणियों! आपके भाई-बहिन की गाथा हमारी समझ से परे है। हमें इंद्र तथा अंगिरस ने पूर्ण सुरक्षित करके आपके पास भेजा है। हमारी राय मानो और देवगुरु की गाएँ वापस कर देवेंद्र से

क्षमा माँग लो। इसी में आपका कल्याण है।"

सरमा के शब्दों का कोई प्रभाव नहीं हुआ। वे गाएँ लौटाने को तैयार नहीं हुए।

सरमा इंद्रलोक लौट आई। सरमा को आते देखकर इंद्र प्रसन्न हो गए। उन्होंने सरमा से पूछा, "सरमा! तुम आ गई। कुशल तो है? गुरुदेव की गायों के हरण का पता चला?"

सरमा ने बड़े ही उत्साह के साथ उत्तर दिया, "सुरेश्वर! आपके आशीर्वाद से सर्वत्र कल्याण ही रहेगा। रसा के पास पणियों ने गायों को पर्वतीय गुफा में छिपा रखा है।"

सरमा की बात सुनकर इंद्र प्रसन्न हो गए। गुरु बृहस्पति को अपनी गायों की पुनः प्राप्ति की आशा हो गई। उत्साहित इंद्रदेव उठते हुए बोले, "सरमे! चलो, मैं गायों को मुक्त कराऊँगा।"

समस्त देव इंद्र के साथ चल दिए। सरमा गायों के स्वर को पहचानती थी। वह उनके पास इंद्र को गुफा में ले गई। इंद्र ने गायों को मुक्त कराया। पणि लोग इंद्र के भय से भाग चुके थे। इंद्र ने देवगुरु बृहस्पति को उनकी गाएँ लौटा दीं। गुप्तचर सरमा को उसके प्रशंसनीय कार्य के लिए प्रचुर धन देकर सम्मानित किया गया।

□

मधु-विद्या का रहस्य

एक समय इंद्र पृथ्वीलोक पर विचरण के लिए निकले हुए थे। उन्होंने हरे-भरे वृक्षों से घिरा हुआ ऋषि दध्यंच का आश्रम देखा। आश्रम के समीप जलाशय था। फूलों से सजे पेड़ों की लताओं से धूप छन-छन कर आ रही थी। यज्ञवेदी के समीप समिधा, घृत और कुशासन था। हलकी धुएँ की रेखा यह बता रही थी कि अभी-अभी यज्ञ समाप्त हुआ है। हवन सामग्री की उठती हुई सुगंध से समस्त आश्रम का वातावरण पवित्र हो रहा था।

ऐसे सुरक्षित रम्य आश्रम को देखकर इंद्र की इच्छा हुई कि थोड़ी देर के लिए आश्रम में चलकर ऋषि के दर्शन करें। रथ रुका। सारथि को रुके रहने का आदेश देकर मंथर गति से चलते हुए इंद्र ने पुष्पित-पल्लवित आश्रम को एक बार पुनः आँखें घुमाकर देखा। यज्ञशाला से उठती हविष की सुगंधित धूम्रराशि वायुमंडल को शुद्ध कर रही थी। तपोनिष्ठ ऋषि दध्यंच के हृदय की पवित्रता विकसित होकर आश्रम के कण-कण में मुखरित थी।

ऋषि दध्यंच ने सुरेंद्र को देखा। कुशासन छोड़कर वे स्वागत के लिए आगे बढ़े।

"पुरंदर! नमामि!" ऋषि ने इंद्र को प्रणाम किया और सादर निवेदन किया, "आश्रम में आपका स्वागत है। कृपया, पाद्य, अर्घ्य, आसन तथा मधुपर्क ग्रहण कीजिए।"

"आप सकुशल हैं?" इंद्र ने स्मित भाव से प्रसन्नता प्रकट करते हुए ऋषि से पूछा।

"आपकी महती कृपा भगवन्!" ऋषि ने विनीत भाव से कहा।

इंद्र ने आश्रम का विधिवत् आतिथ्य स्वीकार किया। उन्होंने एक बार पुनः चारों ओर आँखें घुमाते हुए आश्रम के वैभव को देखा और विनीत स्वर में बोले "महात्मन! आपको किसी भी वस्तु की आकांक्षा नहीं है, मैं जानता हूँ, तथापि चाहता हूँ कि आप मुझसे वांछित फल प्राप्त करें।"

ऋषि में कुछ भी प्राप्त करने की उत्कंठा नहीं थी। इंद्र के कथन की उन पर कोई क्रिया-प्रतिक्रिया नहीं हुई। वे निर्लिप्त नतमस्तक खड़े रहे।

इंद्र ने कहा, "ऋषिवर! आप त्यागमूर्ति हैं। यदि तप, साधना एवं सत्य विकास में मेरी सहायता की आवश्यकता हो, तो मैं उसे पूरा करने में प्रसन्नता का अनुभव करूँगा।"

"सुरेश्वर! मैं कृतार्थ हुआ। क्या मैं अपनी वांछित इच्छा प्रकट कर सकता हूँ?" ऋषि ने गंभीरतापूर्वक कहा।

"अवश्य।" इंद्र हर्षित होकर बोले।

ऋषि बोले, "मुझे किसी भौतिक सुख की कामना नहीं है। मैं सांसारिक भोगों से विरक्त हूँ।"

"ऋषिवर! बिना आपके कहे, मैं जानता हूँ।" इंद्र ने विनयशीलता प्रकट की। ऋषि दध्यंच ने इंद्र के विनीत भाव को करबद्ध प्रणाम किया।

इंद्र बोले, "महात्मन्! मैं आपकी इच्छा पूर्ण करूँगा। वर माँगिए।"

"मधवा! मुझे मधु-विद्या प्रदान करें।" ऋषि ने कहा।

"मधु!" इंद्र आश्चर्यचकित हो गए।

"हाँ सुरेश्वर!" दध्यंच नें निश्चयात्मक स्वर में उत्तर दिया।

इंद्र के तेजस्वी मुखमंडल की आभा ने अपनी दृष्टि उतारते हुए गंभीर मुद्रा में कहा, "तपस्वी! यह दुर्लभ है।"

"आपकी कृपा से सब कुछ सुलभ है।" ऋषि ने स्थिर स्वर में कहा।

इंद्र असमंजस में पड़ गए। वे मधु-रहस्य का उद्घाटन करना नहीं चाहते थे। कुछ देर ठहरकर बोले, "मैं मधु-रहस्य बतला सकता हूँ, किंतु एक शर्त होगी।"

"मुझे स्वीकार है।" ऋषि ने दृढ़तापूर्वक कहा।

यह सुनकर इंद्र किंकर्त्तव्यविमूढ़ ऋषि की ओर देखने लगे।

"क्या मैं शर्त जानने का अधिकारी हो सकता हूँ।" ऋषि ने इंद्र के मुख मंडल पर दृष्टि स्थिर करते हुए कहा।

इंद्र आसन से उठे। उन्होंने अपने हाथ के वज्र को वायुमंडल में घुमाते हुए कहा, "आप इस रहस्य का उद्घाटन करेंगे तो आपका मस्तक छिन्न हो जाएगा।"

यह सुनकर ऋषि की मुख-मुद्रा गंभीर हो गई। उन्होंने

दृढ़तापूर्वक कहा, "भगवन्! मुझे आपकी शर्त स्वीकार है। मैं उसका उल्लंघन नहीं करूँगा।"

इंद्र ने ऋषि दध्यंच को मधु-विद्या का उपदेश दिया। ऋषि उसे सहर्ष ग्रहण कर कृतार्थ हुए। फिर ऋषि से आज्ञा पाकर इंद्र अपने रथ पर आरूढ़ हो गए। तीनों लोकों में मधु-विद्या का रहस्य कोई नहीं जानता था, देव, दानव तथा प्राणी सब इस रहस्य को जानने के इच्छुक थे। एकमात्र इंद्र ही इस विद्या के ज्ञाता थे, परंतु वे इस विद्या को उद्घटित करना नहीं चाहते थे।

दध्यंच ऋषि को इंद्र ने मधु-रहस्य बता दिया है, इस बात का पता अश्विनी कुमारों को हो गया। इंद्र और अश्विनी कुमारों में वैमनस्य था। इंद्र के कारण अश्विनी कुमार यज्ञ-भागों से बहिष्कृत कर दिए गए थे। वे सोचते थे कि यदि मधु-विद्या का रहस्य उन्हें उद्घटित हो जाए तो वे यज्ञों में भाग लेने का अधिकार प्राप्त कर सकेंगे। वे महर्षि दध्यंच के आश्रम की ओर चल पड़े। महर्षि तपस्यारत थे। अश्विनी कुमारों को आश्रम में आया देख उन्होंने उनका पाद्य, अर्घ्य, आसन और मधुपर्क से स्वागत किया।

"अश्विनी कुमारों! क्या मैं आपके शुभागमन का प्रयोजन जान सकता हूँ?" ऋषि ने सादर प्रश्न किया।

अश्विनी कुमार बोले, "महात्मन्! एक विशेष प्रयोजन से हम आपके आश्रम में आए हैं। आपके द्वारा ही हमारे प्रयोजन की सिद्धि संभव है। यही हमारी एकमात्र कामना है।"

"अश्विनी कुमारों! अतिथि की कामना पूर्ण करना आतिथेय का परम-धर्म है।" ऋषि ने शांत स्वर में कहा।

"निश्चय महात्मन्! यही प्राचीन परंपरा है।" अश्विनी कुमार प्रसन्नतापूर्वक बोले। कुछ पल तक सन्नाटा रहा। ऋषि ध्यानमग्न हो गए।

"आपके पास एक गुण है। हम उसके आकांक्षी हैं।" ऋषि का ध्यान भंग करते हुए अश्विनी कुमारों ने कहा।

"देवगण! यदि मेरे पास कुछ है तो मैं उसे देकर कृतार्थ होऊँगा।" ऋषि बोले।

अपने वाक्-चातुर्य को काम में लाते हुए अश्विनी कुमार बोले, "महात्मन् हम आपसे गुणदान चाहते हैं।"

"सामर्थ्य रहते कौन दाता दान करना नहीं चाहेगा।" ऋषि ने मुसकराते हुए कहा।

"आपके पास है।" ऋषि कुमारों ने दोहराया।

"तो अवश्य दूँगा।" ऋषि ने सरल भाव से वचन दे दिया।

अश्विनी कुमार बोले, "महात्मन्! मधु-रहस्य का उद्घाटन।"

ऋषि सहसा हतप्रभ हो गए। उन्हें यह कल्पना भी नहीं थी कि अश्विनी कुमार इस रहस्य को जानते थे। ऋषि उदासीन होते हुए बोले, "मधु-विद्या का रहस्य?"

"ऋषिवर! इंद्र ने आपको दिया है।" देवगण बोले।

"किंतु आपको कैसे ज्ञात हुआ?" ऋषि ने आश्चर्य-भाव के साथ पूछा।

"महात्मन! आपके पास है। आपको हमारी याचना स्वीकार करनी होगी, क्योंकि आपने वचन दिया है।" अश्विनी कुमारों ने याचक भाव से निवेदन किया।

ऋषि असमंजस में पड़ गए। उन्हें इंद्र को दिया वचन याद आया। याद आया उल्लंघन का परिणाम। विषाद की रेखा मस्तिष्क पर छाने लगी। मुखमंडल की छवि पर काली छाया उभरी। ऋषि की इस मानसिकता को देखकर अश्विनी कुमारों ने कहा, "महात्मन्! हम जानते हैं, इंद्र ने आपसे वचन लिया है। उसका उल्लंघन करने पर आपका मस्तक छिन्न हो जाएगा, किंतु आपकी अकाल मृत्यु नहीं होगी। हम कुशल शल्य चिकित्सक हैं।"

ऋषि की विषाद्पूर्ण निगाहें अश्विनी कुमारों को देख रही थीं। कुमार आगे बोले, "हमने उपाय निकाल लिया है। आपका मस्तक काटकर हम अलग रख देंगे। उसके स्थान पर अश्व का मस्तक लगा देंगे। आप अश्व के मस्तक से हमें मधु-विद्या रहस्य का उदघाटन करें। इंद्र वज्र से आपका अश्व मस्तक काट देंगे। हम पुनः आपका मस्तक लगा देंगे।"

यह सुनकर ऋषि गंभीर हो गए।

अश्विनी कुमार बोले, "महात्मन्! आपके वचन का उल्लंघन नहीं होगा क्योंकि आपने जिस मस्तक से वचन दिया है, वह मस्तक मधु-रहस्य का उद्घाटन नहीं करेगा। मधु-रहस्य का उद्घाटन अश्व-मस्तक करेगा और वही दोषी होगा तथा उसे ही दंड भोगना होगा। आपका मानव-मस्तक अछूता रहेगा। ऋषिवर! आपने हमारी याचना-पूर्ति का वचन दिया है। आपका वचन भी पूरा होगा और आप वचन-भंग के दोषी भी नहीं होंगे तथा याचक का कार्य भी संपन्न हो जाएगा।"

महर्षि ने वचन-पालन की युक्ति को सफल होते हुए देखकर

कहा, "अश्विनी कुमारों! मुझे आपका प्रस्ताव स्वीकार है।"

अश्विनी कुमारों ने महर्षि दध्यंच का सिर छिन्न करके उस पर तुरंत अश्व का सिर काटकर जोड़ दिया। ऋषि प्रसन्न थे। उनकी चेतना मनुष्य जैसी थी। वे हयग्रीव-तुल्य लगने लगे। फिर उन्होंने कुशासन पर बैठकर अश्विनी कुमारों को मधु-विद्या रहस्य का उद्‌घाटन किया। अश्विनी कुमारों ने शिष्यवत् उसे ग्रहण किया। मधु-रहस्य उद्‌घाटित होते ही इंद्र का क्रोध जाग उठा। उन्होंने ऋषि के वचन उल्लंघन पर वज्र प्रहार किया। महर्षि चीत्कार कर उठे, "अश्विनी कुमारों! मेरा मस्तक छिन्न किया जा रहा है।"

अश्विनी कुमारों ने सांत्वना देते हुए कहा, "महात्मन्! चिंता न कीजिए, हम तैयार हैं।"

वज्र प्रहार से ऋषि का अश्व-मस्तक छिन्न हो गया। अश्विनी कुमारों ने अविलंब ऋषि के मानव धड़ पर ऋषि का मानव-मस्तक रखकर जोड़ दिया। ऋषि पूर्ववत् आचरण करने लगे। शल्य चिकित्सक अश्विनी कुमारों के अद्‌भुत शल्य कौशल को देखकर जगत आश्चर्यचकित हो गया।

अश्विनी कुमारों ने ऋषि को नमस्कार करते हुए कहा, "आपने और हमने वचनों का पालन किया है। आप गौरव के पात्र हैं। हम अनुग्रहीत हुए।"

अश्विनी कुमारों ने ऋषि को श्रद्धा एवं भक्तिपूर्वक प्रणाम किया। ऋषि उन्हें आश्रम की सीमा तक पहुँचाने आए और पुष्पांजलि के साथ विदा किया।

□

अगस्त ऋषि का शाप

इंद्र द्वारा वृत्रासुर का वध करने पर इंद्र को ब्रह्म-हत्या का पाप लगा। इससे बचने के लिए इंद्र अपना लोक छोड़कर भागे और एक अज्ञात सरोवर में जा छिपे। ब्रह्म-हत्या के भय से वे बहुत वर्षों तक उस सरोवर से निकले ही नहीं। इंद्र के न रहने पर देवलोक में इंद्रासन सूना हो गया। राजा के न रहने से बड़ी अव्यवस्था हो गई। राज-काज कौन देखे, किसे राजा बनाया जाए? इस प्रश्न पर सब विचार करने लगे।

देवगुरु बृहस्पति ने कहा, "इंद्रलोक का राजकाज चलाने के लिए किसी समर्थ, योग्य और अनुभवी राजा को ही इस पद पर बैठाया जाए।" बहुत सोच-विचार के बाद गुरु बृहस्पति ने कहा, "इस समय भूलोक में नहुष का राज है। वे बहुत ही समर्थ, योग्य और चक्रवर्ती सम्राट हैं। इंद्र के न आने तक उन्हें इंद्र की पदवी देकर इंद्रासन पर बैठाया जाए।"

सबकी सहमति होने पर नहुष को इंद्र की पदवी देकर इंद्रासन सौंप दिया गया। नहुष ने बड़ी कुशलता से राज-काज सँभाल लिया। इंद्रलोक का वैभव देखकर उन्होंने सोचा कि ऐसा

सुख और वैभव भूलोक के राजाओं को कहाँ। सचमुच इंद्र होना कितने वैभव और संपदा का स्वामी होना होता है। इसके आगे तो मेरे भूलोक का राज एक दरिद्र का राज लगता है।

इंद्रलोक की चकाचौंध में नहुष अपने कर्त्तव्य पर उतना ध्यान न देकर सुख-वैभव भोगने के बारे में ज्यादा सोचने लगे। उन्होंने यह नहीं सोचा कि वे अस्थायी रूप से इंद्र-पद पर बैठाए गए हैं, बल्कि वे अब अपने को सचमुच का इंद्र समझने लगे। जब वे इंद्र बन गए तो इंद्राणी भी उनकी होनी चाहिए, ऐसा विचार उनके मन में पैदा हुआ।

एक दिन इंद्र की पत्नी शची के सामने उन्होंने प्रस्ताव रखा कि, "मैं इंद्र हो गया हूँ, अतः तुम मेरी पत्नी के रूप में मेरे साथ रहो।" शची ने नहुष को समझाया, "मैं पतिव्रता स्त्री हूँ। इंद्र ही मेरे पति हैं। वे ब्रह्म-हत्या के भय से भले ही अभी छिपे हैं, पर मैं पत्नी उन्हीं की हूँ, मुझे अपनी इंद्राणी बनाने का विचार त्यागकर जिस कार्य के लिए आप नियुक्त किए गए हैं, वही राज-काज करें।"

नहुष ने क्रोधित होकर कहा, "अब मैं ही इंद्र हूँ और आजीवन यहीं इंद्ररूप में रहूँगा। अगर तुम मेरी बात नहीं मानोगी तो मैं बलपूर्वक तुम्हें अपनी रानी बना लूँगा। तुम्हारे बिना इंद्रलोक का सुख अधूरा है।"

शची ने मन ही मन विचार किया, 'नहुष प्रभुता पाकर मदमस्त हो गए हैं। इनका विवेक नष्ट हो गया है। कर्त्तव्य-अकर्त्तव्य का ज्ञान इन्हें नहीं रह गया है। यह मनुष्य की कमजोरी है,

इसलिए अपना शील बचाने के लिए मुझे कुछ उपाय करना होगा।'

काफी सोच-विचार कर शची ने कहा, "हे नरेंद्र! अब आप समर्थ हैं। मुझमें आपके प्रस्ताव का विरोध करने की सामर्थ्य नहीं। जब आप ऐसा चाहते हैं तो एक काम करें। आप सप्त-ऋषियों को कहार बनाकर पालकी में बैठकर मुझे ब्याहने के लिए मेरे घर आएँ। तब मैं इंद्राणी के रूप में आपके साथ रहूँगी।"

भोगी मनुष्य रोगी होता है, उचित-अनुचित का विचार नहीं कर पाता। नहुष ने तत्काल शची का प्रस्ताव स्वीकार किया।

दूसरे दिन उन्होंने आज्ञा दी कि सप्तऋषि मुझे पालकी में बैठाकर स्वयं कहार बनकर पालकी ढोएँ और मुझे इंद्राणी शची के घर ले चलें।

राजाज्ञा थी, सप्त-ऋषियों ने यह स्वीकार कर लिया। एक सुंदर सजी हुई पालकी में नहुष बैठे और सप्त-ऋषि कहार बनकर बारी-बारी से उसे ढोने लगे। ऋषि तो साधु-महात्मा थे। पालकी ढोने और तेज चलने का उन्हें अभ्यास नहीं था।

उधर नहुष उतावला हो रहा था कि जल्दी से जल्दी इंद्राणी के पास पहुँचे। सप्त-ऋषियों के धीरे-धीरे चलने तथा देर होते देखकर वह क्रोधित होकर बोला, "आलसी ऋषियों! देर हो रही है, धीरे-धीरे मत चलो। 'सर्प-सर्प'।"

सर्प का अर्थ होता है तेज चलो, तेज चलो। ऋषि थके-माँदे तो थे ही नहुष की इस उद्दंडता से अगस्त्य ऋषि को क्रोध आ

गया। उन्होंने अपने साथियों से कहकर पालकी कँधे से उतारी और श्राप देते हुए कहा, "नहुष! प्रभुता पाकर तू अपना विवेक खो बैठा है। तुझे नीति-धर्म का ज्ञान नहीं रह गया है। एक तो तू ऋषि-ब्राह्मणों से पालकी ढुलवा रहा है, ऊपर से 'सर्प सर्प' कहकर तीव्र चलने को कहता है। अब तू इंद्र-पद के योग्य नहीं रहा। जा स्वयं 'सर्प' हो जा।"

ऋषियों को जल्दी चलने के लिए 'सर्प-सर्प' कहने का फल नहुष को यह मिला कि इंद्र-पद छूटा, नर-देह छूटी, पृथ्वी का राज छूटा और अब सर्प-योनि में जीवन बिताने का पाप भोगना पड़ा।

छिपकर तप करते रहने से अब तक इंद्र का ब्रह्म-हत्या के पाप से पीछा छूट चुका था। वे देवलोक आए और इंद्र पद पर पुनः आसीन हुए। देवताओं और ऋषियों ने चैन की साँस ली। □

त्रिपुरासुर संहार कथा

त्रिपुर नाम का एक असुर राजा था। उसने नागों, यक्षों, गंधर्वों तथा किन्नरों को जीतकर अपना राज्य दूर-दूर तक फैला लिया। उसके तीन पुत्र-ताराक्ष, कालकाक्ष तथा विद्युतकाली हुए। उन तीनों ने देवलोक पर विजय पाने के लिए तप के नियमों का पालन करते हुए पितामह ब्रह्मा की कठोर तपस्या की।

उनके दृढ़ संकल्प तथा तपोबल को देखते हुए ब्रह्मा जी प्रसन्न हुए और प्रकट होकर कहा, "तारक-पुत्रों! तुम्हारी कठोर तपस्या से मैं प्रसन्न हूँ। इच्छित वर माँगो।"

ब्रह्मा को साक्षात् प्रकट हुआ देखकर तीनों ने उन्हें प्रणाम कर कहा, "पितामह! आप प्रसन्न हैं तो ऐसा वर दीजिए कि हम तीनों अलग-अलग पुर (नगर) बसाकर उस नगर समेत अंतरिक्ष, आकाश तक किसी भी लोक में जहाँ चाहे भ्रमण कर सकें तथा जब तक वे नगर मिलकर एक न हो जाएँ तथा एक ही बाण से कोई उन्हें बेध न दे, तब तक वे नगर नष्ट न हों। न नगरवासी और न ही हमारी मृत्यु हो।"

ब्रह्मा ने कहा, "एवमस्तु! ऐसा ही होगा।" कहकर ब्रह्मा अंतर्धान हो गए।

ब्रह्मा से ऐसा वर पाकर वे तीनों दैत्य बड़े प्रसन्न हुए और अपने पिता त्रिपुरासुर को अपने अपने वरदानी होने की बात बताकर असुरों के शिल्पी मय दानव को तीन पुर बनाने का आदेश दिया। मय ने अपने शिल्प तथा माया से तीन नगर- एक सोने का, एक चाँदी का तथा एक लोहे का बनाया। तीनों पुर बन जाने पर एक पुर देवलोक में, एक पुर मृत्युलोक और एक पुर पाताललोक में उन तीनों पुत्रों ने स्थापित किया। तीनों पुरों का स्वामी हो जाने पर उनका पिता त्रिपुरासुर कहलाया।

तीनों दैत्यों ने अपने बल तथा मायावी कौशल से तीनों लोकों में अपना अधिकार जमा लिया। युद्ध में उनका किसी प्रकार नाश नहीं हो सकता था। वरदान के मद में चूर होकर वे तीनों लोकों में अत्याचार करने लगे। उन्होंने ऋषियों, ब्राह्मणों के आश्रम नष्ट कर दिए। देवगण प्राण बचाकर इधर-उधर छिपने लगे। त्रिपुरासुर तीनों लोकों में अपने वरदानी पुत्रों के साथ उत्पात मचाता रहा। उनके वरदानी नगर अभेद्य थे।

जब बचने का कोई उपाय नहीं रहा तो ऋषि और देवता प्रजापति ब्रह्मा के पास गए और उन दैत्यों के उत्पात तथा अत्याचार की कहानी बताते हुए कहा कि असुरों की आदतों को जानते हुए भी आप उन्हें इस तरह का वरदान देते हैं कि हम सबका जीना और रहना दूभर हो जाता है। अब इस संकट से मुक्ति का उपाय भी आप ही बताएँ।

देवताओं-ऋषियों का कष्ट सुनकर ब्रह्मा भी दुखी हुए और कहा, "अपने दिए वर का फल मैं भी भुगत रहा हूँ। मेरे प्रति भी अपराध करने में वे चूक नहीं रहे हैं। अब उनका नाश करने

के लिए केवल महादेव शिव ही समर्थ हैं। चलकर उनसे प्रार्थना करनी चाहिए कि इस संकट से वे ही उद्धार करें।"

सब मिलकर कैलाश स्थित भगवान शिव के निवास पर गए। देवता, ऋषियों तथा ब्रह्मा को एक साथ आया देखकर शिव बड़े प्रसन्न हुए। उन्होंने सबका आदर-सत्कार कर आने का कारण पूछा।

ब्रह्मा ने कहा, "सर्वेश्वर! तीनों लोकों पर एक संकट आ पड़ा है। त्रिपुरासुर के तीन पुत्रों को मैंने एक अमोघ वर दे दिया है। आपके सिवा कोई भी इस संकट से उद्धार नहीं कर सकता। उन तीनों पुरों के एक साथ मिलने पर तथा एक ही बाण से उन्हें ध्वस्त करने पर इस संकट से मुक्ति मिलेगी।"

शिव ने कहा, "पितामह! जन-कल्याण के लिए मैं धनुष धारण करूँगा। आप अपनी तथा देवताओं की सामूहिक शक्ति तथा तेज से एक दिव्य रथ तथा धनुष-बाण तैयार करें। मैं त्रिपुरासुर का उसके पुत्रों, नगरों तथा सैनिकों समेत संहार करूँगा।"

देव-शिल्पी विश्वकर्मा ने एक दिव्य रथ तैयार किया। विष्णु, चंद्रमा तथा अग्नि ने बाणों को अपना तेज दिया। वरुण, यम, कुबेर आदि लोकपालों ने रथ के अश्वों को अपनी शक्ति दी। अथर्वा, अंगिरा, आदि ऋषियों ने रथ-चक्रों को अपना तेज दिया। वायु ने रथ को वेग-शक्ति दी। इस प्रकार देवताओं तथा ऋषियों की सम्मिलित शक्ति तथा तप तेज से तैयार रथ पर भगवान शिव दिव्य धनुष-बाण के साथ ब्रह्मादंड, रुद्रदंड तथा कालदंड लेकर बैठे।

शिव ने कहा, "अब इस रथ का सारथी कौन बनेगा?"

देवताओं ने कहा, "देवेश्वर महादेव! आप आज्ञा दीजिए, जिसे कहेंगे वही सारथी बनेगा।"

शिव ने कहा, "त्रिपुरासुर पुत्रों को वर देकर त्रैलोक्य में जिसने यह संकट पैदा किया है, वही त्रय-देवों के आदिदेव प्रजापति ब्रह्मा रथ का सारथ्य स्वीकार करें। इन्हें ही पता है कि किस कौशल से रथ को कहाँ ले चलना है।"

देवताओं ने संपूर्ण लोकों के सृष्टा प्रजापति ब्रह्मा को शिव के रथ का सारथी बनाया।

भगवान शिव का रथ आकाश-मंडल में उड़ चला। शिव के प्रलयंकारी अस्त्र-शस्त्रों के प्रभाव से जब त्रिपुरासुर की तीनों पुरियाँ अलग-अलग नष्ट होने लगीं तो तीनों अपनी तथा अपने नगरों की रक्षा के लिए भूमंडल पर एकजुट होकर शिव का सामना करने लगे। ब्रह्मा ने उन तीनों को एक साथ एकजुट होते देखा तो रथ को बड़े वेग से संयुक्त पुरों के सामने कर दिया और भगवान शिव से कहा, "सर्वेश्वर! त्रिपुरासुर के समूल वंश-नाश का अवसर आ गया है। तीनों पुर इकट्‌ठे होकर आपका सामना कर रहे हैं। अब आप शर-संधान कीजिए और इन असुरों को मारकर त्रैलोक्य की रक्षा कीजिए।"

शिव ने देखा कि त्रिपुरासुर अपने पुत्रों तथा समस्त आसुरी सेना के साथ अस्त्र-शस्त्रों से प्रहार कर रहा है। शिव ने अपने धनुष की प्रत्यंचा खींची और पाशुपत अस्त्र चढ़ाकर जो छोड़ा तो प्रलयंकारी रथ के साथ तीनों पुरों से टकराया। पाशुपत अस्त्र से त्रिपुरासुर अपने पुत्रों तथा नगर समेत भस्म हो गया। यह देखकर ऋषियों तथा देवताओं ने भगवान शिव का जयघोष किया। तीनों लोकों में शांति स्थापित हो गई।

□

दरिद्रता का कोप

ऋषियों की सभा में महर्षि वामदेव सभापति के रूप में विराजमान थे। उनके पास सुरेश्वर इंद्र भी बैठे थे। सुरेश्वर शांत थे। ग्लानि से उनकी गरदन झुकी हुई थी। वे महर्षि वामदेव से युद्ध में पराजित हो गए थे। अन्य देवगण भी सभा में उपस्थित थे।

ऋषि वामदेव ने देवताओं से कहा, "कौन इस इंद्र को दस दुधारू गायों के बदले खरीद सकेगा।"

उपस्थित सभासद आश्चर्यचकित होकर एक-दूसरे के मुँह को देखने लगे। इंद्र के हृदय में क्रोध की ज्वाला दहक रही थी। लज्जा के मारे वे बेचैन हो रहे थे। वामदेव ने पुनः कहा, "किंतु एक शर्त है देवगण! यदि इंद्र आपके शत्रुओं का हनन कर दें तो आप उन्हें पुनः मुझे वापस कर दीजिएगा।"

उत्सुक संसद का ध्यान ऋषि की शर्त पर गया। सभी महर्षि की मुखमुद्रा पर उठते हुए भावों को देख रहे थे। ऋषि वामदेव गंभीर हो गए। उन्होंने देवेश्वर की ओर देखा। स्वतः ही दोनों हाथ ऊपर उठे और वे इंद्र की स्तुति करने लगे,

"देवाधिदेव इंद्र! आपसे बढ़कर कोई श्रेष्ठ नहीं। इस जगत में आपसे बढ़कर कोई प्रसिद्ध नहीं है।"

इंद्र अपनी स्तुति सुन रहे थे। उन्हें वामदेव पर क्रोध आ रहा था। परंतु सभा में ऋषि द्वारा अपनी स्तुति सुनकर उनका क्रोध शांत होने लगा।

महर्षि वामदेव नतमस्तक होकर स्तुति करने में तल्लीन थे, "हे वृत्रहन इंद्र! आप मुझ पर क्रोधित हो रहे हैं। आपने हम ऋषि-मुनियों के उद्धार के लिए अनेक राक्षसों का वध किया है। मृत्युलोक तथा देवलोक निवासी आपके यश का वर्णन करते नहीं थकते। आप महान् हैं। हम पर कृपा कीजिए, अपना क्रोध शांत कीजिए।"

इंद्र ने वामदेव की स्तुति सुनी। उनका क्रोध शांत हो गया। महर्षि के हृदय की विशालता से वे गद्‌गद् हो गए। सभा में प्रसन्नता छा गई। पराजय से लज्जाशील इंद्र के मुख पर भी प्रसन्नता की लहर दौड़ गई। उन्होंने ऋषि को दंडवत् प्रणाम किया और देवगणों के साथ प्रसन्न मुद्रा में इंद्रलोक को प्रस्थान कर गए। वामदेव भी अपने आश्रम में देवोपासना में तल्लीन हो गए।

सहसा महर्षि वामदेव पर दरिद्रता देवी की असीम कृपा हो गई। अनेक प्रयत्नों के बावजूद भी वे दरिद्रता देवी की छाया से अपने को बचा नहीं पाए। महर्षि ने अनेक प्रार्थनाएँ कीं, किंतु दरिद्रता देवी का प्रकोप उन पर से शांत नहीं हुआ। वे इसके सम्मुख असमर्थ हो गए, शिथिल हो गए। आश्रम

के आस-पास की समस्त वनस्पतियाँ सूख गईं। गायों ने दूध देना बंद कर दिया। न तो यज्ञ करने की सामग्री थी और न आहार का कोई आधार था।

दरिद्रता की देवी जब भी जीवन में प्रवेश करती है तो वह अपनी सखी विषाद को अपने साथ अवश्य लाती है। मंत्रदृष्टा वामदेव का तत्त्वज्ञान भी दरिद्रता के प्रबल आक्रमण से उनकी रक्षा नहीं कर सका। उस क्रूर आक्रमण से कुटी का सब-कुछ उदर-ज्वाला में स्वाहा हो गया। आश्रम के फल भी एक-एक कर वृक्षों का साथ छोड़ बैठे।

महर्षि का ध्यान अपने सम्मुख बैठी धर्मपत्नी की ओर गया। अपने रूप सौंदर्य एवं लावण्य की मादकता से समस्त तपोवन को सुगंधित करने वाली उसकी काया सिमटकर हड्डियों से चिपक गई थी। महर्षि ने क्षुधा की पीड़ा उसके नेत्रों में देखी। भूख के मारे उसके नेत्र अंदर गड़ गए थे। उन्होंने एक दृष्टि उसकी काया पर डाली। पेट पीठ से लग गया था, कँधे झुक गए थे। चलने-फिरने की शक्ति समाप्त हो गई थी। भूख-प्यास ने सब कुछ नष्ट कर दिया था।

ऋषि ने यह अनुभव किया कि दरिद्रता के भय से साथियों ने मुख मोड़ लिया है। पक्षियों ने आश्रम त्याग दिया है। अब कहीं भी उसका कलरव सुनाई नहीं देता। आश्रम के सभी पशु-पक्षी भी धीरे-धीरे उनसे किनारा कर गए हैं। किंतु अग्नि को साक्षी मानकर साथ रहने की प्रतिज्ञा करने वाली पत्नी ने उनका साथ नहीं छोड़ा।

महर्षि चिंतामग्न थे। उन्होंने अनुभव किया कि दरिद्रता के इस अभिशाप ने समाज में उनका सम्मान भी नष्ट कर दिया है। वे सोच रहे थे कि यदि दरिद्र व्यक्ति को समाज में सम्मान मिलता रहे तो हर कोई दरिद्रता का स्वागत करेगा। लेकिन जब दरिद्रता आई थी तो समस्त दोषों को लेकर आई थी।

ऋषि अपनी दयनीय स्थिति में शांत बैठे थे। उन्हें लगा कि उनका तप-व्रत उनके काम नहीं आया। जिन देवताओं का आजीवन स्तवन किया था, जो आह्वान करते ही उपस्थित होते थे, आज दरिद्रता की छाया में बैठे उन पर किसी की कृपा नहीं है। ऋषि का दुःख सीमा पार कर चुका था। भूख से व्याकुल आँतें उदर में सिमटकर टूटने लगीं। बेसहारा पत्नी भी भूख से मूर्च्छित हुई सम्मुख पड़ी थी।

ऋषि वामदेव माँस पका रहे थे। अपनी दरिद्रावस्था में भी वह शांत थे। दरिद्रता के क्रूर आक्रमणों को सहते-सहते वे उसके आदी हो चुके थे। माँस पकाते-पकाते उनका ध्यान पेड़ की एक सूखी टहनी पर बैठे श्येन की ओर गया। श्येन ने अपनी ओर मुख उठाए ऋषि से पूछा, "ऋषिवर! अभक्ष्य आहार माँस पका रहे हो। जिस अग्नि में आप घृतादि डालते थे, उस पर माँस पका रहे हैं?"

ऋषि ने माँस को चलाते हुए कहा, "हाँ, पका रहा हूँ।"

माँस पकने से आश्रम का पवित्र वातावरण दुर्गंधित हो गया था। जहाँ यज्ञ की सुगंधित सामग्री से सर्वत्र सुरभि फैलती थी, वहाँ दुर्गंध से नरकतुल्य दृश्य उपस्थित हो गया था।

श्येन ने मंद स्वर में प्रश्न किया, "आपके कर्म का क्या हुआ ऋषि?"

ऋषि वामदेव ने कहा, "अपनी क्षुधा को अर्पण कर दिया है।"

श्येन ने गंभीर स्वर में पुनः प्रश्न किया, "क्या ये ऋषि-धर्म है?"

ऋषि गंभीरता से बोले, "नहीं, यह आपद्-धर्म है।"

श्येन के प्रश्न को सुनकर ऋषि की पत्नी अपनी सूखी काया लिए कुटी से बाहर आई।

ऋषि ने कहा, "श्येन! इस निर्जन सूखे वन में आपको भी आहार नहीं मिलेगा, अतः आप भी अपनी सेवा कराने का अवसर मुझे प्रदान करें।"

ऋषि-पत्नी माँस के पकने से उठी दुर्गंध को सहन नहीं कर सकी। उसने अपना मुँह फेर लिया। ऋषि-पत्नी को देखकर श्येन की मुद्रा करुण हो गई।

ऋषि माँस चलाते-चलाते बोले, "श्येन! आश्रम में मनुष्यों, पशुओं एवं पक्षियों ने साथ त्याग दिया। देवताओं ने भी उपेक्षित कर दिया है। जगत् के इस भूले मानव पर आपने करुणा दिखाई है, मैं इसे कभी नहीं भूल सकूँगा चाहे आप श्येन रूप में ही क्यों न यहाँ पधारे हैं।"

श्येन ऋषि की करुण कहानी तथा उस करुणापूर्ण दृश्य को देखकर विचलित हो गया। उसने तुरंत इंद्र का अपना असली रूप धारण किया। वह ऋषि वामदेव के सम्मुख आकर खड़ा हो गया।

"देवेंद्र आप!" ऋषि दंपत्ति ने उठकर इंद्र की अभ्यर्थना की।

इंद्र ने रस-पात्र आगे बढ़ाते हुए कहा, "ऋषिवर! यह मधुर रस है। आप ग्रहण कीजिए।"

ऋषि की आँखें भर आईं। इंद्र की उपस्थिति पर आभार व्यक्त करते हुए उन्होंने कहा, "सुरेंद्र! आपकी कृपा से मैं कृतार्थ हुआ। ऐसे संकट में मुझे सब भूल गए, आपने स्मरण किया, मैं किन शब्दों में आपका आभार प्रकट करूँ।"

ऋषि ने अश्रुपूरित नेत्रों से इंद्र की स्तुति की। इंद्र से मधुर रस का पात्र लेकर वे धन्य हो गए। इसके पश्चात् इंद्र अंतर्धान हो गए।

ऋषि ने प्रसन्न मुद्रा में अपनी पत्नी की ओर देखा। उसके शुष्क-मलिन चेहरे पर मुसकराहट थी। उसने मधुर रस का पान किया और इस प्रकार ऋषि दंपत्ति को दरिद्रता के अभिशाप से मुक्ति मिली।

□

कालयवन वध

एक बार असुरों ने देवताओं को दबा लिया। देवता बड़े दुखी हुए। उनके पास कोई योग्य सेनापति नहीं था अतः उन्होंने महाराजा मुचुकुंद से सहायता की प्रार्थना की। महाराजा ने देवराज की प्रार्थना स्वीकार की और वे बहुत समय तक देवताओं की रक्षा के लिए असुरों से लड़ते रहे।

बहुत काल के पश्चात् देवताओं को शिवजी के पुत्र स्वामी कार्तिकेय जैसे योग्य सेनापति मिल गए। तब देवराज इंद्र ने महाराज मुचुकुंद से कहा, "राजन्! आपने हमारी बड़ी सेवा की, अपने स्त्री-बच्चों को छोड़कर आप हमारी रक्षा में लग गए। यहाँ स्वर्ग में जिसे एक वर्ष कहते हैं, पृथ्वी में उतने ही समय को तीन सौ साठ वर्ष कहते हैं। आप हमारे यहाँ हजारों वर्षों से हैं, अतः आपकी राजधानी का कहीं पता भी नहीं, आपके परिवार वाले काल में चले गए या जीवित हैं, यह भी पता नहीं। हम आप पर बड़े प्रसन्न हैं। मोक्ष को छोड़कर आप जो कुछ भी वरदान माँगना चाहें माँग लें, मोक्ष देना हमारी शक्ति के बाहर की बात है।"

महाराजा को मानवीय बुद्धि ने दबा लिया। स्वर्ग में वे सोए

नहीं थे, लड़ते-लड़ते बहुत थक भी गए थे। अतः उन्होंने कहा, "देवराज! मैं यही वरदान माँगता हूँ कि मैं जी भर सो लूँ, कोई भी मेरी निद्रा में विघ्न न डाले। जो मेरी निद्रा भंग करे वह तुरंत भस्म हो जाए।"

इंद्र ने कहा, "ऐसा ही होगा, आप पृथ्वी पर जाकर शयन कीजिए। जो आपको जगाएगा, वह तुरंत भस्म हो जाएगा।"

ऐसा वरदान पाकर महाराजा मुचुकुंद धौलपुर के समीप एक गुफा में आकर सो गए। सोते-सोते कई युग बीत गए, द्वापर आ गया। भगवान ने यदु-वंश में अवतार लिया। उसी समय कालयवन ने मथुरा को घेर लिया। उसे अपने आप ही मरवाने की नीयत से और महाराजा मुचुकुंद पर कृपा करने की इच्छा से भगवान कालयवन के सामने से छिपकर भागे। कालयवन को अपने बल का बड़ा घमंड था। वह भी भगवान को ललकारता हुआ उनके पीछे पैदल ही भागा। भागते-भागते भगवान उस गुफा में घुसकर छुप गए, जहाँ महाराज मुचुकुंद सो रहे थे। उन्हें सोते देखकर भगवान ने अपना पीतांबर धीरे-से उन्हें उढ़ा दिया और आप छिपकर तमाशा देखने लगे, क्योंकि उन्हें छिपकर तमाशा देखने में बड़ा मजा आता था।

कालयवन बल के अभिमान में भरा हुआ गुफा में आया और महाराजा मुचुकुंद को ही भगवान समझकर जोरों से दुपट्टा खींचकर जगाने लगा। महाराजा जल्दी से उठे। सामने कालयवन खड़ा था। उनकी दृष्टि पड़ते ही वह वहीं जलकर भस्म हो गया। अब महाराजा इधर-उधर देखने लगे। भगवान के तेज से संपूर्ण

गुफा जगमगा रही थी। उन्होंने नवजलधर श्याम, पीत-कौशेयवासी वनमाली को सामने मंद-मंद मुसकराते देखा। देखते ही वे अवाक् रह गए। उन्होंने अपना परिचय दिया और प्रभु का परिचय पूछा। उन्हें देवराज के वचन स्मरण हो उठे। वे साक्षात् परमब्रह्म परमात्मा हैं, ऐसा समझकर वे भगवान के चरणों पर लोट-पोट हो गए।

भगवान ने उन्हें उठाया, छाती से लगाया, वर माँगने को कहा, किंतु वे संसारी पदार्थों की निःसारता समझ चुके थे, अतः उन्होंने कोई भी सांसारिक वर नहीं माँगा। उन्होंने यही कहा, "प्रभो! मुझे देना हो तो अपनी भक्ति दीजिए, जिससे मैं सच्ची लगन के साथ भली-भाँति आपकी उपासना कर सकूँ। मैं श्री चरणों की भली-भाँति भक्ति कर सकूँ, ऐसा वरदान दीजिए।" भगवान ने कहा, "अब तुम ब्राह्मण होगे, सर्व-जीवों में समान दृष्टि वाले होगे, तब मेरी जी खोलकर अनन्य उपासना करने की जो अभिलाषा है, उसके लिए तुम्हें विशुद्ध ब्राह्मण-वंश में जन्म लेना पड़ेगा और वहाँ उपासना रस का भली-भाँति आस्वादन कर सकोगे।" वरदान देकर भगवान अंतर्धान हो गए और महाराजा मुचुकुंद ब्राह्मण जन्म में उपासना करते हुए प्रभु के साथ अनन्य भाव से मिल गए और उनके ही हो गए।

□

शिव की महिमा

परम् शिवभक्त उपमन्यु वेद-तत्त्व के ज्ञाता महर्षि व्याघ्रपाद के बड़े पुत्र थे। एक दिन उपमन्यु ने माता से दूध माँगा। घर में दूध था नहीं। माता ने चावलों का आटा जल में घोलकर उपमन्यु को दे दिया। उपमन्यु मामा के घर दूध पी चुके थे अतएव उन्होंने यह जानकर कि यह दूध नहीं है, माता से कहा, "माँ! यह तो दूध नहीं है।"

ऋषि-पत्नी झूठ बोलना नहीं जानती थीं, उन्होंने कहा, "बेटा! तू सत्य कहता है। नदी किनारे वनों और पहाड़ों की गुफाओं में जीवन बिताने वाले हम तपस्वी मनुष्यों के यहाँ दूध कहाँ से मिल सकता है। हमारे तो सर्वस्व श्री शिवजी महाराज हैं। तू यदि दूध चाहता है तो उन जगन्नाथ श्री शिवजी को प्रसन्न कर! वे प्रसन्न होकर तुझे दूध-भात देंगे।"

माता की बात सुनकर बालक उपमन्यु ने पूछा, "माँ! भगवान श्री शिवजी कौन हैं? कहाँ रहते हैं? उनका कैसा रूप है? मुझे वे किस प्रकार मिलेंगे? और उन्हें प्रसन्न करने का क्या उपाय है?"

बालक के सरल वचनों को सुनकर स्नेहवश माता की

आँखों में आँसू भर आए। माता ने उसे शिव-तत्त्व बतलाया और कहा, "तू उनका भक्त बन, उनमें मन लगा, उनमें विश्वास रख, एकमात्र उनकी शरण हो जा, उन्हीं का भजन कर, उन्हीं को नमस्कार कर। ऐसा करने से वे तेरा निश्चय ही कल्याण करेंगे। उनको प्रसन्न करने का महामंत्र 'नमः शिवाय' है।"

बालक उपमन्यु शिव को प्राप्त करने का दृढ़ संकल्प करके घर से निकल पड़े। वन में जाकर प्रतिदिन 'नमः शिवाय' मंत्र के द्वारा वन के पत्र-पुष्पों से भगवान शिवजी की पूजा करते और शेष समय मंत्र-जप करते हुए कठोर तप करने लगे। वन में अकेले रहने वाले तपस्वी उपमन्यु को पिशाचों ने बहुत सताया, परंतु उपमन्यु के मन में न तो भय हुआ और न विघ्न करने वालों के प्रति क्रोध भी आया। वे उच्च स्वर में 'नमः शिवाय' मंत्र का कीर्तन करने लगे। इस पवित्र मंत्र के सुनने से मरीचि के शाप से पिशाच-योनि को प्राप्त हुए, उपमन्यु के तप में विघ्न करने वाले वे मुनि पिशाच-योनि से छूटकर पुनः मुनि-देह को प्राप्त होकर कृतज्ञता के साथ उपमन्यु की सेवा करने लगे।

तदंतर देवताओं के द्वारा उपमन्यु की उग्र तपस्या का हाल सुनकर सर्वांतर्यामी भक्तवत्सल भोलेनाथ श्री शंकर जी भक्त का गौरव बढ़ाने के लिए उनके अनन्य-भाव की परीक्षा करने की इच्छा से इंद्र का रूप धारण कर श्वेतवर्ण ऐरावत पर सवार होकर उपमन्यु के समीप जा पहुँचे। मुनिकुमार भक्तश्रेष्ठ उपमन्यु ने इंद्ररूपी भगवान महादेव को देखकर धरती पर सिर टेककर प्रणाम किया और कहा, "हे देवराज! आपने स्वयं मेरे समीप पधारकर

मुझ पर बड़ी कृपा की है। बताइए मैं आपकी क्या सेवा करूँ?" इंद्ररूपी परमात्माशरण ने प्रसन्न होकर कहा, "हे सुव्रत! तुम्हारी इस तपस्या से मैं बहुत ही प्रसन्न हुआ हूँ। तुम मुझसे मनचाहा वर माँगो, तुम जो माँगोगे, वह मैं तुम्हें दूँगा।"

इंद्र की बात सुनकर उपमन्यु ने कहा, "देवराज! आपकी बड़ी कृपा है, परंतु मैं आपसे कुछ भी नहीं चाहता। मुझे न तो स्वर्ग चाहिए, न स्वर्ग का ऐश्वर्य ही। मैं तो भगवान शंकर का दासानुदास बनना चाहता हूँ। जब तक वे प्रसन्न होकर मुझे दर्शन नहीं देंगे, तब तक मैं तप को नहीं छोड़ूँगा। त्रिभुवनसार, सबके आदिपुरुष, अद्वितीय, अविनाशी, भगवान शिव को प्रसन्न किए बिना किसी को स्थिर शांति नहीं मिल सकती। मेरे दोषों के कारण मुझे इस जन्म में भगवान के दर्शन न हो सके और यदि मेरा फिर जन्म हो तो उसमें भी भगवान शिव पर ही मेरी अक्षय और अनन्य भक्ति बनी रहे।"

उपमन्यु फिर अपनी तपस्या में लग गए। तब इंद्ररूपधारी शंकर ने उपमन्यु के सामने अपनी ही निंदा करना आरंभ किया। मुनि को शिव-निंदा सुनकर बड़ा ही दुःख हुआ, कभी क्रोध न करने वाले मुनि के मन में भी इष्ट की निंदा सुनकर क्रोध का संचार हो आया और उन्होंने इंद्र को वध करने की इच्छा से अघोरास्त्र से अभिमंत्रित भस्म लेकर इंद्र पर फेंकी, और शिव-निंदा सुनने के प्रायश्चितस्वरूप अपने शरीर को भस्म करने के लिए आग्नेयी-धारणा करने लगे।

उनकी यह स्थिति देखकर भगवान शंकर परम् प्रसन्न हो

गए। भगवान के आदेश से आग्नेयी-धारणा का निवारण हो गया और नंदी के अघोरास्त्र का निवारण कर दिया।

इतने ही में उपमन्यु ने चकित होकर देखा कि ऐरावत हाथी ने चंद्रमा के समान सफेद कांति वाले बैल का रूप धारण कर लिया है और इंद्र के स्थान पर भगवान शिव अपने दिव्य रूप में जगजननी उमा के साथ उस पर विराजमान हैं। वे करोड़ों सूर्यों के समान तेज से आच्छादित और करोड़ों चंद्रमाओं के समान सुशीतल सुधामयी किरण-धाराओं से घिरे हुए हैं। उनके शीतल तेज से सब दिशाएँ प्रकाशित और प्रफुल्लित हो गईं। वे अनेक प्रकार के सुंदर आभूषण पहने थे। उनके उज्ज्वल सफेद वस्त्र थे। सफेद फूलों की सुंदर माला उनके गले में थी। श्वेत मस्तक पर चंदन लगा हुआ था। सुंदर दिव्य शरीर पर सुवर्ण कमलों से गुँथी हुई और रत्नों से जड़ी हुई माला सुशोभित हो रही थी। माता उमा की शोभा भी अवर्णनीय थी। ऐसे देव-मुनि वंदित भगवान शंकर के माता उमा सहित दर्शन प्राप्त कर उपमन्यु के हर्ष का पार न रहा। उपमन्यु गद्‌गद् कंठ से प्रार्थना करने लगे।

भक्त की निष्कपट और सरल प्रार्थना से प्रसन्न होकर भगवान शंकर ने कहा, "बेटा उपमन्यु! मैं तुझ पर परम प्रसन्न हूँ। मैंने भली-भाँति परीक्षा करके देख लिया कि तू मेरा अनन्य और दृढ़ भक्त है। बता, तू क्या चाहता है? यह याद रख कि तेरे लिए मुझको कुछ भी अदेय नहीं है।"

भगवान शंकर के स्नेह-भरे वचनों को सुनकर उपमन्यु के आनंद की सीमा न रही। उनके नेत्रों से आनंद के आँसुओं की

धारा बहने लगी। वह गद्‌गद्‌ स्वर में बोले, "हे नाथ! आज मुझे क्या मिलना बाकी रह गया? मेरा यह जन्म सदा के लिए सफल हो गया। देवता भी जिनको प्रत्यक्ष नहीं देख सकते, वे देवाधिदेव आज कृपा करके मेरे सामने विराजमान हैं, इससे अधिक मुझे और क्या चाहिए? इस पर भी आप यदि देना ही चाहते हैं तो यही दीजिए कि आपके श्री चरणों में मेरी अविचल और अनन्य भक्ति सदा बनी रहे।"

भगवान चंद्रशेखर ने उपमन्यु का मस्तक चूमकर उन्हें देवी के हाथों में सौंप दिया। देवी जी ने भी अत्यंत स्नेह से उनके मस्तक पर हाथ रखकर उन्हें अविनाशी कुमार पद प्रदान किया।

तदनंतर भगवान शिवजी ने कहा कि, "हे बेटा! तू आज अजर-अमर, तेजस्वी, यशस्वी और दिव्य ज्ञानयुक्त हो गया। तेरे सारे दुःखों का सदा के लिए नाश हो गया। तू मेरा अनन्य भक्त है। यह दूध-माता की खीर ले।" यह कहकर शिव जी अंतर्धान हो गए।

□

भगवान विष्णु की आराधना

प्राचीनकाल में रुक्मांगद नामक एक राजा थे। भगवान विष्णु की आराधना ही उनका जीवन था। वे चराचर जगत में अपने आराध्य भगवान के दर्शन करते तथा पद्‍मनाभ भगवान की सेवा की भावना से ही अपने राज्य का संचालन करते थे। वे सभी प्राणियों के प्रति क्षमा-भाव रखते थे। राजा रुक्मांगद ने अपने जीवन में अपनी समस्त प्रजा एवं परिवार सहित एकादशी व्रत के अनुष्ठान का नियम धारण कर रखा था। एकादशी के दिन राज्य की ओर से घोषणा होती थी कि, "आज एकादशी के दिन आठ वर्ष से अधिक और पच्चीस वर्ष से कम आयु वाला जो भी मनुष्य अन्न खाएगा, वह राजा की ओर से दंडनीय होगा।" एकादशी के दिन सभी लोग गंगा स्नान एवं दान-पुण्य करते थे। राजा के धर्म की ध्वजा सर्वत्र फहराने लगी। धर्म के प्रभाव से प्रजा सर्वथा सुखी एवं समृद्ध थी।

राजा रुक्मांगद का गृहस्थ जीवन पूर्ण रूप से सुखमय था। वे पीतांबरधारी भगवान श्री हरि की आराधना करते हुए मनुष्य लोक के उत्तम भोग भोग रहे थे। उनकी पतिव्रता पत्नी संध्यावली

साक्षात् भगवती लक्ष्मी का दूसरा रूप थी। वह सभी दृष्टि से पति का सुख-संपादन करने में अद्वितीय थी। पति का सुख ही रानी संध्यावली का जीवन था। पति की सेवा वह अपने हाथों से करती थी।

उनका पुत्र धर्मांगद गुणों में अपने पिता के अनुरूप ही था। उसकी भी बुद्धि भगवान श्री हरि के चरणों में लग गई थी। वह अपने माता-पिता का आज्ञाकारी था। उसमें राज्य-संचालन की पूर्ण योग्यता थी तथा मदिरा एवं जुआ आदि कोई दुर्व्यसन न था। वह भी प्रजापालक एवं प्रजा की रक्षा में सदा तत्पर रहता था। राजा रुक्मांगद ने अपने पुत्र धर्मांगद के गुणों से प्रसन्न होकर राज्य संचालन का भार उसके कँधों पर देना आरंभ कर दिया।

श्री विष्णु की आराधना एवं एकादशी-व्रत के प्रभाव से राज्य में समस्त प्रजा सुखी थी। मृत्यु के पश्चात् सभी वैकुंठ-धाम में जाने लगे। नरक के द्वार तक कोई जाता ही नहीं था। संपूर्ण नरक सूना हो गया। सूर्य-पुत्र यमराज एवं चित्रगुप्त के लिए कोई कार्य रहा ही नहीं। जब सभी प्रजाजन वैकुंठ जाने लगे, तब यमराज किन्हे दंड दें और चित्रगुप्त किनके कार्यों का हिसाब रखें। अंत में वे ब्रह्मा जी की सभा में पहुँचे। उन्होंने ब्रह्माजी से राजा रुक्मांगद के प्रभाव का वर्णन करते हुए कहा, "पितामह! भगवान विष्णु की आराधना एवं एकादशी-व्रत के प्रभाव से समस्त प्राणी वैकुंठ-धाम को प्राप्त हो रहे हैं। नरक में कोई प्राणी नहीं आ रहा है। लंबे समय से हम लोग व्यर्थ बैठे हैं।"

यह सुनकर ब्रह्मा जी को अत्यंत प्रसन्नता हुई। वे मन ही

मन भक्तराज रुक्मांगद को नमन करने लगे। ब्रह्मा जी रुक्मांगद की ऐसी अद्भुत महिमा को और बढ़ाना चाहते थे। उन्होंने अपने मन के संकल्प से एक अत्यंत सुंदर एवं लावण्यवती नारी को प्रकट किया। उस नारी का नाम मोहिनी था। वह संसार की सभी सुंदरियों में श्रेष्ठ व रूप-वैभव से संपन्न थी।

एक दिन राजा रुक्मांगद वन-भ्रमण के लिए निकले हुए थे। उसी वन में वह मोहिनी अत्यंत मधुर वीणा बजा रही थी। उस रूपराशि को देखकर राजा रुक्मांगद मोहित हो गए। राजा ने मोहिनी से प्रणय की याचना की। मोहिनी ने मुसकराते हुए एक शर्त रखी कि जिस समय पर मैं जो कहूँ, आपको उसका पालन करना होगा। राजा ने मोह के वशीभूत होकर वह शर्त स्वीकार कर ली और वे मोहिनी के साथ अपनी राजधानी लौट आए। यहाँ वे मोहिनी के साथ सुख से समय व्यतीत करने लगे।

युवराज धर्मांगद ने शासन प्रबंध की पूर्ण योग्यता प्राप्त कर ली थी। उसने भूमंडल के सभी मंडलों को जीतकर उन पर अपना शासन जमा लिया तथा अनेक बहुमूल्य रत्न-मणियाँ लाकर अपने पिता को समर्पित किए।

धर्मांगद के सुशासन से प्रसन्न होकर रुक्मांगद ने अपनी संपूर्ण शासन-व्यवस्था उसे सौंप दी। योग्य कन्या से धर्मांगद का विधिपूर्वक विवाह हुआ। ब्रह्मा जी ने मोहिनी को राजा रुक्मांगद की परीक्षा के लिए ही भेजा था। सुखपूर्वक बहुत समय व्यतीत होने पर एक दिन वह अवसर आ उपस्थित हुआ। रुक्मांगद का एकादशी-व्रत निर्विघ्न चल रहा था। वह एकादशी के दिन कभी

अन्न ग्रहण नहीं करते थे। सदैव की भाँति वे घोषणा करा देते, "मनुष्यों! तुम सब अपने वैभव के अनुसार एकादशी के दिन चक्र-सुदर्शनधारी भगवान विष्णु की पूजा करो। वस्त्र, उत्तम चंदन, रोली, पुष्प, धूप, दीप तथा हृदय को अत्यंत प्रिय लगने वाले सुंदर फल एवं उत्तम गंध के द्वारा भगवान श्री हरि के चरणारविंदों की अर्चना करो। जो भगवान विष्णु का लोक प्रदान करने वाले मेरे इस धर्मसम्मत वचन का पालन नहीं करेगा, निश्चित ही उसे कठोर दंड दिया जाएगा।"

एक दिन मोहिनी अपने पति रुक्मांगद से एकादशी के दिन अन्न खाने के लिए आग्रह करने लगी। उसने हठपूर्वक कहा कि, "गृहस्थ राजा, जो सदैव परिश्रम करता है, उसे कभी भी अन्न नहीं छोड़ना चाहिए।" राजा ने मोहिनी को बहुत समझाया। उन्होंने शास्त्रों का प्रमाण देकर बताया कि एकादशी के दिन जो अन्न खाता है, वह पाप का भागी और नरकगामी होता है, किंतु मोहिनी अपने हठ पर अटल रही। राजा ने उसे अनेक प्रलोभन भी दिए, परंतु मोहिनी पर उन बातों का कोई प्रभाव न पड़ा। मोहिनी ने राजा को विवाह के समय दी हुई अपनी शर्त की स्मृति कराई, "जो मैं कहूँगी, उसे आपको पालन करना होगा, अन्यथा आप असत्यवादी हो जाएँगे एवं सत्य का त्याग करने से आपको पाप का भागी होना पड़ेगा।" मोहिनी ने अंत में यह भी घोषणा की, "यदि आप एकादशी के दिन अन्न ग्रहण नहीं करेंगे तो मैं आपको त्यागकर चली जाऊँगी।"

रुक्मांगद ने मोहिनी को पुनः समझाते हुए पुराणों का प्रमाण

दिया और कहा कि पुराणों में स्थान-स्थान पर यह घोषणा की गई है कि एकादशी पर भोजन नहीं करना चाहिए। परंतु मोहिनी अपने निश्चय पर अटल रही। वह अपने पति को असत्यवादी घोषित करती हुई उन्हें छोड़कर जाने को तत्पर थी। इधर राजा रुक्मांगद मोहिनी पर आसक्त होते हुए भी एकादशी के दिन अन्न न ग्रहण करने के निश्चय पर दृढ़ थे।

पितृभक्त धर्मांगद एवं पतिव्रता रानी संध्यावली ने मोहिनी को राजा को छोड़कर न जाने के लिए बहुत समझाया। रानी संध्यावली ने अत्यंत मधुर वाणी में मोहिनी से कहा, "जो नारी सदा अपने पति की आज्ञा का पालन करती है, उसे सावित्री के समान अक्षय तथा निर्मल लोक प्राप्त होते हैं। देवी! तुम अपना यह आग्रह छोड़ दो। महाराज ने कभी बचपन में भी एकादशी के दिन अन्न ग्रहण नहीं किया है, अतः तुम इसके लिए उन्हें बाध्य मत करो। तुम उनसे कोई अन्य वर माँग लो। देवी! जो वचन से और शपथ-दोष से पति को विवश करके उनसे न करने योग्य कार्य करा लेती है, वह पापपरायणा नारी नरक में निवास करती है। वह भयंकर नरक से निकलने के पश्चात् बारह जन्मों तक शूकरी की योनि में जन्म लेती है, तत्पश्चात् चांडाली होती है। सुंदरी! इस प्रकार पाप का परिणाम जानकर मैंने तुम्हें सखी-भाव से मना किया है। धर्म की इच्छा रखने वाले मनुष्य को उचित है कि वह शत्रु को भी अच्छी बुद्धि, उचित परामर्श दे। सुंदरी! जिस पत्नी के पति उसके व्यवहार से दुखी होते हैं, वह समृद्धिशालिनी हो तो भी उस पापिनी की अधोगति ही कही गई है। वह सतरह युगों तक

'पूय' नामक नरक में पड़ी रहती है, वह तत्पश्चात् सात जन्मों तक छछूंदर होती है, तदंतर काकयोनि में जन्म लेती है। स्त्रियों के लिए एकमात्र पति के सिवा संसार में दूसरा कौन देवता है?"

इतनी अच्छी बातें सुनने पर भी मोहिनी की बुद्धि शुद्ध नहीं हुई। उसकी भावी उसके सिर पर नाच रही थी। जगत को अच्छी शिक्षा मिलने वाली थी। मोहिनी की दुर्दशा होनी ही थी। रानी संध्यावली की बातें सुनकर दुष्ट-हृदया मोहिनी ने अपनी एक नई शर्त रखी, "राजा रुक्मांगद अपने हाथों से अपने पुत्र धर्मांगद का सिर काटकर भेंट करें अथवा एकादशी के दिन का अन्न ग्रहण करें तभी उनके सत्य की रक्षा हो सकती है।"

राजा रुक्मांगद मोहिनी की नई शर्त सुनकर अर्धमूर्च्छित से होने लगे। मूर्ख मोहिनी को अपनी भावी दुर्दशा का किंचितमात्र भी विचार नहीं था। वह अपने पति के बहुत समझाने एवं अनुनय-विनय करने पर भी कुछ ध्यान न देकर अपने हठ पर अड़ी रही।

अंत में धर्मांगद एवं रानी संध्यावली ने महाराजा रुक्मांगद से प्रार्थना करके उन्हें सत्य की रक्षा के लिए राजी किया। सत्य की महिमा विलक्षण है। राजा रुक्मांगद हाथ में तलवार लेकर धर्मांगद का सिर काटने के लिए उद्यत हुए। राजा रुक्मांगद हाथ में तलवार लेकर धर्मांगद का सिर काटने के लिए उद्यत हुए। धर्मांगद ने भक्तिपूर्वक माता-पिता के चरणों में सिर टेककर प्रणाम किया और भगवान विष्णु के ध्यान में मग्न हो तलवार की धार के सामने अपना सिर धरती पर रख दिया।

कृपालु भगवान विष्णु राजा रुक्मांगद, रानी संध्यावली एवं

धर्मांगद का धैर्य देख रहे थे। चमचमाती तलवार ज्यों ही धर्मांगद के सिर को छूने वाली थी, त्यों ही भगवान श्री हरि ने प्रकट होकर राजा का हाथ पकड़ लिया। उस अद्भुत दृश्य को देवगण भी देख रहे थे। उनके देखते-देखते ही महात्मा नरेश रानी संध्यावली एवं पुत्र धर्मांगद के साथ भगवान विष्णु में सशरीर विलीन हो गए। क्रूर-हृदया मोहिनी भी यह दृश्य देख रही थी। राजा के पुरोहित वसु से यह सब देखा नहीं गया। उनके संकल्प से दुष्टा मोहिनी वहीं भस्म हो गई।

□

भक्ति की सामर्थ्य

विप्र दधीचि भगवान शंकर के श्रेष्ठ भक्त थे। वे भस्म धारण करते थे और सदा भगवान शंकर का स्मरण किया करते थे। राजा क्षुप उनके मित्र थे। क्षुप कोई साधारण राजा नहीं थे। असुरों के युद्ध में उनसे इंद्र सहायता लेते रहते थे। क्षुप ने असुरों के विरुद्ध इतना पराक्रम दिखलाया कि इंद्र ने प्रसन्न होकर उन्हें वज्र दे दिया था।

इस पुरस्कार को पाकर राजा क्षुप का अहंकार बढ़ गया। वे अपने मित्र दधीचि से बार-बार कहा करते थे कि मैं आठ लोकपालों के अंशों से बना हूँ, अतः मैं ईश्वर हूँ। आप भी मेरी पूजा किया करें। परंतु दधीचि को यह बात अच्छी नहीं लगी। धीरे-धीरे दोनों मित्रों में मनोमालिन्य बढ़ने लगा।

एक दिन दधीचि ने जब क्षुप के मस्तक पर मुष्टिक प्रहार किया, तब मदोन्मत्त क्षुप ने उन पर वज्र चला दिया। वज्र से आहत होने पर दधीचि ने महर्षि शुक्र का स्मरण किया। महर्षि शुक्र संजीवनी विद्या के विशेषज्ञ थे। योगबल से वहाँ पहुँचकर उन्होंने दधीचि के क्षत-विक्षत शरीर को जोड़कर पूर्ववत् बना दिया। फिर

उन्होंने दधीचि को परामर्श दिया कि तुम भगवान शिव की आराधना कर अवध्य बन जाओ। वे परब्रह्म है, आशुतोष हैं। उन्हीं की शरण लो। मैंने उन्हीं से संजीवनी विद्या प्राप्त की है।

दधीचि ने आराधना कर भगवान शंकर से अवध्यता प्राप्त कर ली। भगवान शंकर ने दधीचि की हड्डी को वज्र बना दिया और उन्हें कभी दीन-हीन न होने का वरदान दे दिया। दधीचि समर्थ होकर राजा क्षुप के पास पुनः पहुँच गए। दोनों में अहंकार की मात्रा बढ़ी हुई थी। राजा क्षुप ने उन पर पुनः वज्र का प्रहार किया, किंतु इस बार दधीचि का बाल भी बाँका न हुआ। उनमें दीन-भाव भी न आया।

इस पराभव से राजा क्षुप ने विष्णु-देव की आराधना की। विष्णु-देव ने प्रसन्न होकर राजा को समझाया कि शिव के भक्त को किसी से भय नहीं होता। दधीचि की तो बात ही निराली है। किंतु राजा क्षुप का आग्रह देख विष्णु-देव ब्राह्मण का रूप धारण कर दधीचि के पास पहुँचे। शिव-भक्त के प्रभाव से दधीचि ने विष्णु-देव को पहचान लिया और कहा कि, "मैं आपकी भक्तवत्सलता को जानता हूँ, किंतु भगवान शंकर के प्रभाव से मुझे किसी का भय नहीं है।"

श्री विष्णु ने कहा कि, "दधीचि! भगवान शंकर की कृपा से तुम्हें सचमुच भय नहीं है और तुम सर्वज्ञ हो गए हो, किंतु झगड़ा मिटाने के लिए एक बार तुम कह दो कि मैं डरता हूँ।"

दधीचि इसके लिए तैयार नहीं हुए, तब विवश होकर श्री विष्णु को चक्र उठाना पड़ा। राजा क्षुप वहीं विद्यमान थे। चक्र को

निस्तेज देखकर श्री विष्णु-देव ने अपने सब अस्त्र-शस्त्र छोड़कर दधीचि को अपना विश्वरूप दिखलाया। तब दधीचि ने भी भगवान की कृपा से अपने शरीर में हजारों ब्रह्मा, विष्णु, महेश दिखलाए।

राजा क्षुप दधीचि की यह अद्भुत सामर्थ्य देखकर चकित हो गए। तब उन्होंने भगवान शंकर की भक्ति के महत्त्व को समझकर दधीचि की पूजा की।

□

मायापति की माया

मार्कण्डेय मुनि महर्षि मार्कण्डु के पुत्र थे। ये ब्रह्मचारी वेश में रहकर अग्नि, सूर्य, गुरु, ब्राह्मण और आत्मा में व्याप्त श्री हरि का पूजन करने लगे। ये प्रातः काल और सांयकाल भीख माँगकर लाते और गुरु को अर्पण करते तथा गुरु की आज्ञा मिलने पर मौन होकर एक समय भोजन करते। गुरु की आज्ञा न मिलने पर ये किसी-किसी दिन निराहार ही रह जाते थे।

मार्कण्डेय मुनि ने दस करोड़ वर्षपर्यंत श्री हरि की आराधना करके दुर्जेय काल को भी जीत लिया। इनके इस प्रकार मृत्यु को जीत लेने पर ब्रह्मा, शिव, भृगु, दक्ष और नारद आदि को बड़ा आश्चर्य हुआ।

इस प्रकार नैष्टिक ब्रह्मचर्य-व्रत धारण कर तथा इंद्रिय-जय के द्वारा अंतःकरण को रोगादि दोषों से रहित कर भगवान अधोक्षज का ध्यान करते हुए मुनि को छः मन्वन्तर (1740 युगों की चौकड़ी) का काल बीत गया।

वैवस्वत नामक् सातवें मन्वन्तर में इंद्र ने इस भय से कि कहीं ये मेरे इंद्र-पद को न छीन लें, इनके तप में विघ्न डालने का निश्चय किया। उसने इन्हें तप से डिगाने के लिए गंधर्व, अप्सरा, कामदेव, वसंत ऋतु, मलयानिल तथा लोभ और मद

को भेजा। ये सब हिमालय के उत्तर की ओर पुष्पभद्रा नदी के तट पर अवस्थित मुनि मार्कण्डेय के आश्रम में पहुँचे और सब मिलकर मुनि के ध्यान को भंग करने की चेष्टा करने लगे। परंतु इन सबके प्रयत्न भाग्यहीन के उद्योग की भाँति सर्वथा निष्फल हुए और ये सब उन तेजस्वी मुनि के तेज से जलने लगे।

इंद्र उन सबको हतप्रभ एवं म्लान-मुख देखकर तथा उनसे उन ब्रह्मर्षि का प्रभाव सुनकर परम-विस्मित हुए।

ऋषि के तप से प्रसन्न होकर भगवान श्री हरि उन पर अनुग्रह करने के निमित्त नर-नारायण के रूप में उनके सामने प्रकट हुए।

उन तपोमूर्ति ऋषि-प्रवरों को देखते ही मुनि उनके चरणों में लेट गए और उनकी स्तुति करने लगे।

भगवान नारायण बोले, "हे ऋषिश्रेष्ठ! तुम्हारी निर्दोष भक्ति से हम अत्यंत प्रसन्न हुए हैं, अतः तुम हमसे इच्छित वर माँगो।"

ऋषि बोले, "भगवन्! आपने कृपा करके मुझे अपने सुर-मुनि दुर्लभ-दर्शन से कृतार्थ किया, इससे बढ़कर मैं कौन-सा वर आपसे माँगूँ? तथापि मेरी इच्छा है कि आपकी जिस माया से यह सत्-वस्तु भेदयुक्त होती है, उस माया को मैं देखना चाहता हूँ।"

नर-नारायण 'तथास्तु' कहकर बदरिकाश्रम में चले गए।

इधर, ऋषि यह सोचते हुए कि उस माया के दर्शन मुझे कब होंगे, अपने आश्रम में ही रहकर अग्नि, सूर्य, चंद्रमा, जल, भूमि, वायु, आकाश और आत्मा में तथा अन्यत्र सब जगह सर्वव्यापी श्री हरि का ध्यान करते हुए उनका पूजन करने लगे।

सायंकाल का समय था। मुनि नदी-तट पर संध्या कर रहे थे कि अचानक ही वायु बड़े जोर से चलने लगी। उस प्रचंड वायु के

साथ ही आकाश में भयानक मेघ घुमड़ आए और उनमें बिजली की चमक के साथ गड़गड़ाहट का शब्द होने लगा। देखते-देखते मूसलाधार वृष्टि शुरू हो गई। इधर, सभी समुद्र बड़े प्रचंड वेग के साथ भू-मंडल को ग्रसते हुए दिखाई देने लगे और देखते-ही-देखते सर्वत्र जल-ही-जल हो गया। सप्तद्वीप, नवखंड तथा कुलांचलों सहित समस्त पृथ्वीमंडल ही नहीं, अपितु आकाश, स्वर्ग, तारागण और दिशाओं सहित सारा त्रैलोक्य जलमग्न हो गया। उस प्रलय में अकेले मार्कण्डेय ही रह गए। वे जटाओं को बिखेरकर इधर-उधर भटकने लगे। बड़े-बड़े मगर उनकी देह को नोचने लगे तथा वायु के प्रबल झकोरों एवं उच्छल तरंगों के थपेड़ों से उनका शरीर जर्जर होने लगा। भूख-प्यास उन्हें अलग सताने लगी।

चारों ओर घोर अंधकार छा जाने के कारण उन्हें कुछ नहीं सूझता था। उन्हें कभी शोक होता, कभी मोह होता, कभी सुख की अनुभूति होती और कभी मृत्यु के समान कष्ट होता। इस प्रकार विष्णु की माया से मोहित हुए मुनि को उस समुद्र में भ्रमण करते एक शंख वर्ष बीत गए।

इस बीच उस महान् जलराशि के किसी कोने में उन्हें पृथ्वी का कुछ भाग दिखलाई देने लगा और उस पर फलों और पत्तों से लदा हुआ बड़ (बरगद) का एक छोटा-सा पौधा दिखाई दिया। साथ ही उस बड़ के ईशान-कोण की शाखा के एक पर्णपुट (दोने) में सोया हुआ एक तेजस्वी बालक दीख पड़ा। उसके प्रकाश से सभी दिशाएँ, आलोकित हो उठीं। उसका मरकत-मणि सदृश श्याम-वर्ण, शोभायमान मुखकमल, शंख के समान बल पड़ी हुई ग्रीवा, विशाल वक्षस्थल, सुंदर नासिका और धनुष के समान

भौंहें मन को मोह लेती थीं। उसके दोनों कानों में फूल लगे हुए थे। वह अपने सुंदर हाथों से चरण पकड़कर उसे चूस रहा था।

उस मनोहर-मूर्ति बालक को देखकर मुनि को बड़ा आश्चर्य हुआ। उसके दर्शन मात्र से उनकी सारी व्यथा दूर हो गई और आनंद के कारण रोमांच-सा हो आया। वे उस बालक के समीप चले गए। ज्यों ही वे उसके समीप गए, उन्हें ऐसा प्रतीत हुआ मानो उस बालक की श्वास के साथ वे मच्छर की भाँति उसके उदर के भीतर खिंचे चले जा रहे हैं। थोड़ी ही देर में उन्होंने अपने को उस बालक के उदर के भीतर पाया। वहाँ उन्होंने सारे जगत को उसी रूप में पाया, जिस रूप में उन्होंने प्रलय के पूर्व उसे बाहर देखा था। यह सब दृश्य देखकर उन्हें परम-विस्मय हुआ। कुछ क्षण के अनंतर वे उसी बालक के श्वास के द्वारा बाहर निकल आए और पुनः उसी प्रलय-समुद्र में जा पड़े।

बाहर निकलकर उन्होंने उस बालक को उसी अवस्था में अपनी ओर प्रेमपूर्ण दृष्टि से देखते हुए पाया। उसकी मंद मुसकान से आकर्षित होकर वे उसके समीप जाकर उसे आलिंगन करना ही चाहते थे कि ये योगाधिपति बाल-वेशधारी भगवान एकाएक अंतर्धान हो गए।

वालक के अंतर्धान होते ही वह बड़ का वृक्ष और वह प्रलय-समुद्र सारा का सारा क्षण-भर में विलीन हो गया और मुनि अपने आश्रम में पूर्ववत स्थित हो गए। उन्होंने मन-ही-मन भगवान नारायण की माया को प्रणाम किया और हृदय से उन महेश्वर की शरण हो गए।

□

शंकर के अंश

महर्षि अत्रि ने अपनी पत्नी अनुसूया के साथ कठिन तपस्या के पश्चात् दत्तातेय को पुत्र-रूप में प्राप्त किया था। जब ब्रह्मा के छह पुत्र गृहस्थ-धर्म का अवलंबन न करके योग-साधना में लीन हो गए तब ब्रह्मा जी ने अत्रि से प्रजा की सृष्टि करने को कहा। ब्रह्मा जी का आदेश मानकर अत्रि ने प्रजापति कर्दम और देवहूति की पुत्री अनुसूया के साथ विवाह किया। अनुसूया बहुत ही पतिव्रता स्त्री थीं। श्री राम वन-गमन के अवसर पर उन्होंने सीता जी को पातिव्रत्य-धर्म का उपदेश दिया था। उन्होंने सीता जी को ऐसे वस्त्र भेंट किए थे, जो कभी भी मैले नहीं होते थे। अनुसूया की दृष्टि में अपने पति के अतिरिक्त और कोई पुरुष नहीं था। वे सदैव अपने पति की आज्ञा का पालन करती थीं।

पिता की आज्ञा का पालन करने के लिए, उत्तम संतान की सृष्टि करने की इच्छा से अत्रि अपनी धर्मपत्नी अनुसूया के साथ तपस्या करने लगे। अपने बड़े भाई सनत्सुजात से सांगोपांग मंत्र-रहस्य और उपासना-पद्धति का ज्ञान प्राप्त करके इन्होंने बड़ी तीव्र साधना की।

इनकी तपस्या और अनुसूया के पातिव्रत्य से प्रसन्न होकर ब्रह्मा, विष्णु और शंकर तीनों ही इनके सामने प्रकट हुए। महर्षि अत्रि और अनुसूया उस समय इस प्रकार ध्यान-समाधि में मग्न थे कि इन्हें उनके आगमन का पता ही नहीं चला।

तीनों देवों ने उनका सिर स्पर्श किया, हाथ पकड़कर खींचा, जोर से पुकारा परंतु इन्हें ब्रह्म-ज्ञान नहीं हुआ। अंततः उन्होंने अंतर में प्रवेश करके इन्हें जाग्रत किया। अपने सामने तीनों देवों को प्रत्यक्ष खड़ा देखकर इनके आनंद की सीमा न रही। वे उनके चरणों में गिर पड़े, शरीर रोमांचित हो उठा। त्रिदेवों ने अपने हाथों से इन्हें उठाया, इन पर कमंडल का जल छिड़का। तब इन्हें चेतना आई, ये अंजलि बाँधकर गद्‌गद कंठ से उनकी स्तुति करने लगे–

"प्रभो! आपकी महिमा अनंत है। हमारे जैसे संसारासक्त प्रजा की इच्छा रखने वाले और आत्मविमुख को दर्शन देकर आपने अनंत कृपा की है। हम आपकी क्या सेवा कर सकते हैं। हमारे पास है ही क्या? हम दोनों स्वयं को ही आपके चरणों में समर्पित करते हैं। प्रभो! हमें अपना लो।"

ब्रह्मा, विष्णु और महेश ने एक स्वर में कहा, "महर्षि अत्रि और सती अनुसूया! हम तुम्हारी तपस्या से अत्यंत प्रसन्न हैं। हम जानते हैं कि उत्तम संतान प्राप्त करने के लिए तुम दोनों तपस्या कर रहे हो। तुम दोनों की अभिलाषा पूर्ण करने के लिए ही हम तीनों तुम्हारे पुत्र-रूप में प्रकट होंगे।"

कुछ दिनों के पश्चात् वे तीनों ही इनके घर पुत्र-रूप में प्रकट हुए। शंकर के अंश से दुर्वासा का, ब्रह्मा के अंश से चंद्रमा

का और विष्णु के अंश से श्री दत्तात्रेय ज़ी का जन्म हुआ। जिनकी संकल्प-शक्ति से जगत की सृष्टि, स्थिति और प्रलय होते हैं, वे ही त्रिदेव अत्रि-अनुसूया की प्रेम-भक्ति के अधीन होकर उनके घर में साधारण बालकों की भाँति खेलने लगे और ऋषि-दंपत्ति उनकी लीला देख-देखकर धन्य-धन्य हो गए।

समय पर सबका उपनयन संस्कार हुआ। सबने विधिवत् गुरुकुल में रहकर वेदाध्ययन किया। समावर्तन के पश्चात् दुर्वासा तो ऋषि हुए, चंद्रमा ग्रह हुए और दत्तात्रेय जी तो तत्त्व-ज्ञान का उपदेश करने के लिए ही अवतीर्ण हुए थे, इसलिए उन्होंने संप्रदाय और गुरु-मर्यादा की रक्षा करने के लिए सर्वज्ञ होने पर भी महर्षि ऋभु की शरण ग्रहण की। उन्होंने दत्ता जी को संपूर्ण मंत्र-रहस्य और उपासना की शिक्षा दी। तत्पश्चात् वे पिता के आश्रम में आकर रहने लगे।

दत्ता जी को बालकों के साथ खेलना बड़ा अच्छा लगता था, वे खेलते, किंतु खेलते-खेलते भी आत्मचिंतन करते रहते। सभी बालक इनसे प्रसन्न रहते। इनकी सुंदरता, मधुरता और शील-स्वभाव पर सभी मुग्ध थे। बालक एक क्षण के लिए भी इनसे अलग नहीं होना चाहते थे। परंतु उनके साथ रहने के कारण दत्तात्रेय के योगाभ्यास में कुछ बाधा अवश्य पड़ने लगी।

एक दिन इन्होंने उनका साथ छोड़ने की इच्छा की। खेलते-खेलते ये एक तालाब में घुस गए और तीन दिन तक उसके बाहर नहीं निकले। यह उनके योग की एक सिद्धि थी या यों कहें कि वे साक्षात् भगवान विष्णु ही थे, उनके लिए असंभव ही क्या था, किंतु सबसे बढ़कर आश्चर्य की बात तो यह थी कि साथ खेलने

वाले उनके मित्र बालक तीन दिन तक उसी तालाब में डटे रहे। बिना अन्न-पानी के रहने पर भी वे विचलित न हुए।

किसी ने कहा, "मगर ने खा लिया होगा?"

किसी ने जाकर उनके माता-पिता से यह शोक समाचार कह सुनाया। परंतु वे उनका प्रभाव जानते थे, इसलिए जरा-भी विचलित नहीं हुए।

तीन दिन के बाद जब वे बाहर निकले तब सब-के-सब अत्यंत आनंदित हुए। सभी पूछने लगे, "तुम इतने गहरे तालाब में तीन दिन तक कैसे रहे? हम तो तुम्हारे वियोग में बड़े दुखी हो रहे थे। नींद नहीं आई, पानी तक नहीं पिया। हमारे माँ-बाप ने हमें बुलाया भी, परंतु हम नहीं गए। अब चलो, खाएँ-पिएँ और सब मिलकर खेलें।"

उनकी बात सुनकर पहले तो दत्तात्रेय मुस्कराए , फिर गूँगे की भाँति चुप हो गए, कुछ नहीं बोले। इनकी ऐसी दशा देखकर वे सब और रोने-गिड़गिड़ाने लगे, प्रार्थना करने लगे।

दत्तात्रेय जी ने मन में सोचा कि इसका परिणाम तो उलटा ही हुआ। कहाँ मैं इनका साथ छोड़ना चाहता था-कहाँ ये योग का प्रभाव देखकर मुझे और अधिक जकड़ लेना चाहते हैं। उन्होंने फिर उसी तालाब का रास्ता लिया। परंतु वे बालक तब भी निराश नहीं हुए। तीन दिन के पश्चात् फिर दत्तात्रेय जी महाराज तालाब से निकले। परंतु इस बार विचित्र ढंग से सजकर बाहर आए। अपने योग बल से वह झूठ-मूठ की एक सर्वांगसुंदरी, अनेक आभूषणों से विभूषित तथा अप्सरा समान स्त्री को अपने वाम-भाग में लिए हुए और दाहिने हाथ में मदिरा का घड़ा लिए हुए अनेक प्रकार

की कुत्सित चेष्टा करते हुए प्रकट हुए।

उन्हें इस वेष में देखकर उन वैदिक संस्कार-संपन्न ऋषि कुमारों का मन फिर गया। कोई कहता, "हमने अनजाने में उससे मित्रता कर ली, यह तो बड़ा दुष्ट है।"

कोई कहता, "ये नाग लोक से ही इस सुंदरी को लाए होंगे।"

इस प्रकार वे परस्पर खूब निंदा करते।

मगर उनमें जो बुद्धिमान थे, वे यही कहते, "भैया! किसी की निंदा नहीं करनी चाहिए, क्योंकि हम किसी के हृदय की बात नहीं जान सकते। बाह्य आचरण से अंदर का पता लगाना कठिन है। दत्तात्रेय बड़े भारी योगी हैं, विष्णु के अवतार हैं। उनके पास स्त्री, मदिरा आदि कुछ नहीं है, न हो सकते हैं। ये सब तो योग बल से झूठमूठ ही उन्होंने बना रखे हैं, जिससे कि हम लोग उन्हें त्याग दें, छोड़ दें।"

बस यह तो एक माया थी। कईयों ने उनकी इस लीला का रहस्य न समझकर अज्ञानवश उन पर आरोप लगाए थे। कई ऐसे भी थे–जिन्होंने भ्रमवश या विषयासक्ति के कारण उनके अनुकरण में अपने को उन्हीं वस्तुओं से युक्त कर लिया, परंतु यह वास्तव में उनके नाम पर अपनी वासनाओं की पूर्ति ही है। उनके चरित्र में वस्तुतः ऐसी कोई बात नहीं थी।

इन्होंने अलर्क, प्रहलाद और यदु आदि को तत्त्व-ज्ञान का उपदेश दिया था। इनके अनुसार अपना जीवन बनाने वाले जिज्ञासु मुमुक्षुओं का परम कल्याण हो सकता है। इनके जीवन के संबंध में मार्कण्डेय और स्कंद आदि पुराणों में विस्तार से वर्णन आया है।

□

भक्त की पुकार

घने पर्वत के बीच एक उद्यान था। उद्यान के निकट एक सरोवर था। उस सरोवर पर अपनी हथिनियों के साथ एक गज (हाथी) आनंद विहार करता था। गज बड़ा ही शक्तिशाली था। उसके भय से जंगली पशु भाग जाते थे। एक दिन वह प्यास से व्याकुल होकर सरोवर के तट पर पहुँचा। निर्मल, शीतल एवं मधुर जल से कमलों की महक आ रही थी। गज ने मन-भरकर जल पिया फिर स्नान किया और मस्ती में भरकर अपने बच्चों तथा हथिनियों पर सूँड से पानी भर-भर उछालने लगा। उसी समय एक ग्राह (विशाल मगरमच्छ) ने गज का पाँव पकड़ लिया और उसे सरोवर में खींचना शुरू कर दिया। शक्तिशाली गज भी पूरा जोर लगाने लगा।

इस संघर्ष में कभी ग्राह सरोवर के तट पर खिंचा चला आता तो कभी गज सरोवर के भीतर चला जाता। इस प्रकार लड़ते-लड़ते उन्हें बहुत समय बीत गया। ग्राह तो जलचर था, अतः सरोवर में उसकी शक्ति की वृद्धि होती रही। लेकिन गज की शक्ति क्षीण होती चली गई।

अंत में बचने का कोई उपाय न देखकर गज ने भगवान श्री हरि की शरण ली। वह आर्त स्वर में मन को एकाग्र करके पूर्व-जन्म में सीखे हुए स्तोत्र से भगवान की प्रार्थना करने लगा, "संसार को चेतन शक्ति देने वाले परमपिता परमेश्वर को मैं नमस्कार करता हूँ, जो सबकी रक्षा करते हैं, सबके आधार हैं तथा प्रलयकाल के घोर अंधकार से परे विराजमान हैं, उन श्री हरि को मेरा नमस्कार है। हे प्रभु, मेरे उद्धार के लिए आप प्रकट हों।"

गजेंद्र की करुण पुकार सुनकर तत्काल गरुड़ पर सवार होकर श्री हरि वहाँ पहुँचे। गजेंद्र ने देखा कि श्री हरि आ रहे हैं तो उसने अपने सूँड से कमल का सुंदर पुष्प उठाया और भगवान के चरणों में चढ़ा दिया। भगवान ने गजेंद्र की पीड़ा एवं व्याकुलता देखी। वे शीघ्र ही गरुड़ से उतरे। गज एवं ग्राह दोनों को एक साथ उठाकर वे बाहर लाए और चक्र से ग्राह का मुख फाड़कर गजेंद्र की रक्षा की। ब्रह्मा, शंकर तथा सभी देवता एवं गंधर्वों आदि ने भगवान की प्रदक्षिणा की। भगवान के स्पर्श से वह ग्राह भी मुक्तिपद पा गया।

गजेंद्र पूर्व-जन्म में द्रविड़ देश का राजा था। वह राज-पाट त्यागकर मलय पर्वत पर तपस्वी वेश में रहता था। एक बार स्नान आदि से निवृत्त होकर राजा भगवान की आराधना में मौन बैठा था। उसी समय अगस्त्य मुनि अपने शिष्यों के साथ उस मार्ग से आए। राजा को निर्द्वंद्व बैठा देखकर तथा उससे किसी प्रकार का आतिथ्य न पाकर मुनिश्रेष्ठ को क्रोध आ गया।

उन्होंने उसे श्राप दिया कि अभिमानवश ब्राह्मणों का अपमान करने के लिए तू हाथी के समान बैठा है, अतः तू हाथी की योनि प्राप्त करेगा। इसी कारण उस राजा ने गजेंद्र की योनि में जन्म लिया, लेकिन पूर्व-जन्म के संस्कारवश गजेंद्र को भगवान की स्मृति बनी रही।

□

भगवान कृष्ण की माया

कौरव और पाँडवों में भयंकर युद्ध हो रहा था। दोनों पक्ष की सेनाएँ एक-दूसरे को पराजित करने के लिए प्राणपण से कृत संकल्प थीं। एक दिन कौरव सेना की एक टुकड़ी से लड़ते हुए अर्जुन युद्ध के मुख्य मैदान से दूर चले गए। द्रोणाचार्य ने अर्जुन को युद्ध-क्षेत्र में नहीं देखा, तो फूले नहीं समाए। श्रीकृष्ण और अर्जुन के रहते हुए वह अपना युद्ध-कौशल नहीं दिखा पा रहे थे।

द्रोणाचार्य ने तुरंत सेना को गोलाकार खड़ा कर दिया। सेना को पहिएनुमा पंक्ति में बाँधा गया, इसलिए इनका नाम चक्रव्यूह पड़ा। अर्जुन की अनुपस्थिति में उनका बेटा अभिमन्यु चक्रव्यूह में लड़ने गया। वह सफलता के साथ अंदर तो चला गया, मगर बाहर न निकल सका। शत्रुओं से युद्ध करते वह बुरी तरह घायल हो गया। लड़ते-लड़ते उसके हथियार टूट गए। इसी बीच, सात बड़े योद्धा उस बालक पर एक साथ टूट पड़े। जयद्रथ ने छलपूर्वक पीछे से निहत्थे अभिमन्यु पर गदा का वार किया। अभिमन्यु इसे सहन न कर सका, उसकी मृत्यु हो गई।

शाम को अर्जुन शिविर में लौटे। जब उन्हें अभिमन्यु की मृत्यु का समाचार मिला तो वह शोक में डूब गए। तभी उन्हें पता चला, जयद्रथ ने निहत्थे बालक को धोखे से मारा है। यह जानकर क्रोध से उनके नथुने फड़कने लगे। उन्होंने अगले दिन सूर्यास्त से पूर्व जयद्रथ के वध का प्रण किया। जयद्रथ यह सुनकर दुर्योधन के पास गया। बोले, "महाराज! अर्जुन ने कल सूर्यास्त से पहले मुझे मारने की प्रतिज्ञा की है। अब मैं क्या करूँ? कहाँ जाऊँ?"

दुर्योधन हँसकर बोला, "जयद्रथ! अर्जुन ने यह भी तो कहा है कि सूर्यास्त होने पर अगर वह तुम्हें नहीं मार पाया, तो आत्मदाह कर लेगा। चिंता न करो। कल कौरवों के सारे महारथी तथा पूरी सेना तुम्हारी रक्षा करेगी। अर्जुन तुम तक पहुँच ही न पाएगा। मैंने पहले ही ऐसा प्रबंध कर दिया है।"

दूसरे दिन युद्ध शुरू होने पर अर्जुन की निगाहें जयद्रथ को ढूँढने लगीं, मगर कौरवों की विशाल सेना में जयद्रथ कहीं दिखाई नहीं दिया। यह देखकर अर्जुन निराश होने लगे। अर्जुन को निराश होते देख श्रीकृष्ण ने कहा, "अर्जुन! आज जयद्रथ की रक्षा के लिए पूरी कौरव सेना एकजुट खड़ी है। उसी के बीच जयद्रथ छिपा है। इस घेरे को तोड़ने के बाद ही तुम जयद्रथ को पा सकोगे। देर न करो, समय बीत रहा है।"

श्रीकृष्ण की बात सुन, अर्जुन साहसपूर्वक लड़ने लगे। श्रीकृष्ण कुशलतापूर्वक अर्जुन के रथ को चला रहे थे, पर द्रोणाचार्य की विकट व्यूह रचना के कारण, सफलता अर्जुन से अभी दूर ही थी। धीरे-धीरे शाम होने लगी।

श्रीकृष्ण ने देखा, दिल ढलता जा रहा है, रथ के घोड़े बुरी तरह घायल होकर थक गए हैं। अर्जुन भी थककर निराश हो रहा है। उन्होंने कुछ सोचकर अर्जुन से कहा, "अर्जुन! घोड़े थक गए हैं। उनको थोड़ा विश्राम दिए बिना मैं इन्हें आगे नहीं बढ़ा सकता। अब तुम अपने बाणों से एक सुरक्षित घेरा बनाओ, जिससे शत्रु के आक्रमण से बचकर हम थोड़ा आराम कर लें।"

श्रीकृष्ण की बात सुन अर्जुन को बड़ा आश्चर्य हुआ। वे बोले, "यदुपति! यह आप क्या कह रहे हैं? काम हुए बिना आराम कहाँ। आराम करने पर सूर्यास्त हो जाएगा, फिर बेटे के हत्यारे को कैसे मार सकूँगा?"

सुनकर श्रीकृष्ण हँस पड़े, "अर्जुन! बिना आराम काम नहीं होगा, इसलिए जैसा कहता हूँ, वैसा ही करो। अभी सूर्यास्त होने में देर है।"

अर्जुन को श्रीकृष्ण की बात माननी पड़ी। बाणों के सुरक्षित घेरे में श्रीकृष्ण ने घोड़ों को पानी पिलाया, मालिश की, घावों पर लेप लगाया। उधर, अर्जुन गाँडीव धनुष को सिरहाने रखकर चिंता में डूबे थे।

थोड़ी देर बाद अर्जुन जब पुनः युद्ध के लिए तैयार हुए तो देखा, सूर्यास्त होने में थोड़ी ही देर है। श्रीकृष्ण ने निराशा के स्वर में कहा, "अर्जुन! समय को देखते हुए जयद्रथ को मार पाना अब कठिन है, इसलिए तुम अपनी प्रतिज्ञा का दूसरा भाग पूरा करने की तैयारी करो।" कहते हुए श्रीकृष्ण ने अपना पांचजन्य शंख बजाकर युद्ध बंद करने की घोषणा की, ताकि सभी समझें,

सूर्य अस्त हो गया। अर्जुन भी यह बात समझ न सका। उसे लगा, पता नहीं श्रीकृष्ण यह क्या कर रहे हैं।

उधर, कौरवों की सेना में खुशी की लहर दौड़ गई। कृपाचार्य, कृतवर्मा, अश्वत्थामा, द्रोणाचार्य और दुर्योधन के सुरक्षित घेरे से जयद्रथ यह देखने के लिए बाहर निकला कि मुझे मारने की प्रतिज्ञा करने वाला अर्जुन अब स्वयं आत्मदाह की तैयारी कर रहा है या नहीं।

अर्जुन ने धनुष-बाण रख दिए थे। पास खड़े श्रीकृष्ण जल्दी-जल्दी लकड़ियों से चिता तैयार कर रहे थे। जयद्रथ को कौरवों की सेना के सामने खड़ा देख, श्रीकृष्ण ने हाथ की लकड़ी फेंककर घोड़ों की रास सँभाल ली और अर्जुन से ललकारकर कहा, "अर्जुन! उठाओ गाँडीव। तुम्हारा शत्रु जयद्रथ सामने खड़ा है। उधर आकाश में देखो, अभी सूर्य के अस्त होने में काफी देर है। मैंने भ्रम पैदा करने के लिए ही यह सब किया था।"

अचानक सबकी निगाहें आकाश की ओर उठ गईं। कुछ क्षण पहले न दिखाई देने वाला सूर्य अभी भी आकाश की पश्चिम दिशा में चमक रहा था। दुर्योधन के हाथ से तोते उड़ गए। जयद्रथ छिपने के लिए भागा, मगर इससे पहले ही अर्जुन के धनुष पर बाण चढ़ चुका था।

श्रीकृष्ण फिर बोले, "अर्जुन, सावधान! जयद्रथ का पिता उत्तर दिशा में सौ योजन दूर बैठा तप कर रहा है। बाण इस गति और लक्ष्य से चलाना कि जयद्रथ का सिर उसके पिता की गोद में ही गिरे। अगर तुम्हारे बाण से कटकर जयद्रथ का सिर जमीन

पर गिरा, तो उसके पिता के श्राप से तुम्हारे सिर के सौ टुकड़े हो जाएँगे।"

अर्जुन ने कहा, "ऐसा ही होगा माधव!" और उसके गाँडीव से तीर छूट गया।

उस तीर ने जयद्रथ का सिर काट डाला। तीर उसे लेकर उड़ चला। कटा हुआ सिर सीधे जयद्रथ के पिता की गोद में, जहाँ वह तपस्या कर रहे थे, गिरा। चौंककर जब वे उठे तो सिर भूमि पर गिर पड़ा और उनके ही सिर के सौ टुकड़े हो गए।

शिविर में लौटने पर अर्जुन ने श्रीकृष्ण से सूर्यास्त की इस माया के बारे में पूछा, तो श्रीकृष्ण ने कहा, "जब बल से कार्य सिद्ध न हो तो कौशल से करना चाहिए। मैंने ही अपने योगबल से सूर्य पर आवरण डालकर अस्त होने की माया फैलाई थी। सूर्य अस्त हुआ ही नहीं था। माया के हटते ही वह फिर निकल आया।"

यह सुनकर अर्जुन का सिर श्रीकृष्ण के प्रति श्रद्धा से झुक गया।

□

सूर्य देव का विवाह

देवलोक के शिल्पकार विश्वकर्मा की एक पुत्री थी। उसका नाम था–संज्ञा। वह दिन-भर तपती धूप में खेला करती थी। सूर्य की तेज किरणों का जैसे उस पर कोई असर ही नहीं होता था। संज्ञा जब बड़ी हुई तो एक दिन विश्वकर्मा और उसकी पत्नी ने संज्ञा को बड़े मुग्ध भाव से सूर्य को निहारते देखा। यह देख विश्वकर्मा बोले, "देवी! ऐसा लगता है हमारी बेटी सूर्य पर मोहित हो गई है। देख रही हो, कितने मुग्ध भाव से सूर्य की ओर ताके जा रही है।"

"मुझे भी ऐसा ही लगता हे, स्वामी!" विश्वकर्मा की पत्नी ने कहा।

सूर्य के सौंदर्य के प्रति संज्ञा का आकर्षण उसकी आयु के साथ बढ़ता ही गया। एक दिन विश्वकर्मा उसे अपने साथ हाथी पर बैठाकर सैर को निकले। अपनी पुत्री को सूर्य की ओर निहारते देख उन्होंने पूछ लिया, "बेटी! अब तुम छोटी नही रहीं। सोचता हूँ, जल्दी ही तुम्हारा विवाह कर दूँ। बताओ, किस देव को तुम चाहती हो?"

"पिताजी! आकाश में सूर्य से बढ़कर कोई तेजस्वी नहीं है।" संज्ञा ने उत्तर दिया।

"ठीक है, हम सूर्य के साथ ही तुम्हारा विवाह कराए देते हैं।" विश्वकर्मा बोले और अपनी पुत्री को लेकर सूर्य के पास पहुँचे। उन्होंने अपनी पुत्री की इच्छा सूर्यदेव को बताई तो उन्होंने उनका प्रस्ताव सहर्ष स्वीकार कर लिया। वे बोले, "आपकी पुत्री मेरे साथ विवाह करना चाहती है, यह मेरे लिए सौभाग्य की बात है। पर इससे यह तो पूछ लो कि क्या यह मेरा ताप सहन भी कर पाएगी?"

विश्वकर्मा संज्ञा को एक ओर ले गए और उससे पूछा, "सूर्यदेव का उत्तर तुमने सुन लिया बेटी। अब बताओ, सहन कर लोगी हर ऋतु में उनका ताप?"

"हाँ पिताजी।" संज्ञा ने बड़े विश्वास के साथ कहा।

कुछ ही दिन बाद संज्ञा का विवाह सूर्यदेव के साथ हो गया। संज्ञा सूर्यदेव के साथ उनके लोक चली गई।

पति के साथ संज्ञा के दिन सुखपूर्वक बीतने लगे। फिर उनके यहाँ एक पुत्र पैदा हुआ, जिसका नाम रखा गया–मनु। अनेक ऋषि-मुनि बालक को आशीर्वाद देने आए।

"यह बालक ज्ञानियों में भी ज्ञानी होगा।" ऋषियों ने भविष्यवाणी की।

आशीर्वाद सच निकला। जब वह कुछ बड़ा हुआ तो ऋषि-मुनियों से शिक्षा ग्रहण करने लगा।

सूर्यदेव और संज्ञा को अपने बेटे पर गर्व था। वे बहुत ही

प्रेम से अपने बेटे का लालन-पालन करते थे।

अचानक एक बार ग्रीष्म ऋतु में सूर्य की किरणें बहुत ही प्रखर हो गईं। उनका तेज अपनी चरम सीमा पर जा पहुँचा। संज्ञा की चमड़ी झुलसने लगी। सूर्यदेव ने उसे अपने पास बुलाया तो वह अपनी आँखों पर हाथ रखकर उनके पास पहुँची। सूर्यदेव बोले, "संज्ञा! मेरी ओर देखो! तुमने अपनी आँखें क्यों ढक ली हैं। नेत्र खोलो और मेरी ओर देखो। मैं तुम्हारा पति हूँ।"

"स्वामी! आपके ताप से मेरी आँखें खुल नहीं पा रहीं।" संज्ञा ने कहा।

"इसका अर्थ तो ये हुआ कि तुम मुझे अपने से दूर कर रही हो। विवाह के पूर्व मैंने तुमसे पूछा भी था कि क्या मेरा ताप सहन कर पाओगी? तुम्हारी सहमति पाकर ही मैंने तुम्हारे साथ विवाह करना स्वीकार किया था, लेकिन अब तुम अपने वचन से मुकर रही हो।" सूर्यदेव ने कुछ क्रोधित होते हुए कहा।

"स्वामी! इसमें मेरा दोष नहीं।" संज्ञा बोली, "आपका ताप ही प्रखर है कि…।"

सूर्यदेव और भी कुपित हो उठे। बोले, "सुनो संज्ञा! प्राणवान वस्तुओं को जीवित रखने वाला मैं ही हूँ, परंतु तुमने मेरी ओर से आँखें बंद कर लीं, अतः तुम्हारे गर्भ से जो बालक उत्पन्न होगा, वह यम होगा। यम अर्थात् मृत्यु का देवता।"

संज्ञा वहाँ से भाग जाना चाहती थी, लेकिन बच्चों का मोह उसे विवश किए हुए था। संज्ञा की एक सहचरी थी, उसका नाम था, छाया, जो हू-ब-हू संज्ञा की ही प्रतिलिपि थी। उसने इस

विषय में छाया की मदद लेने का निश्चय किया। उसने छाया को बुलाया और अपनी समस्या बताई। सुनकर छाया बोली, "मुझे क्या करना होगा?"

"तुम संज्ञा बनकर मेरे पति के पास जाओ और उनकी पत्नी और मेरे बच्चों की माँ बनकर वहीं रहो।" संज्ञा ने कहा।

"उन्होंने मुझसे पूछताछ की तो?"

"तो कहना, मैं संज्ञा हूँ। भेद मत खोलना।"

"यह सब मैं करूँगी। लेकिन मेरी एक शर्त है, सूर्यदेव कभी मुझ पर बिगड़े या श्राप देने लगे तो मैं सारा भेद खोल दूँगी।" छाया ने कहा।

"ठीक है, छाया। अब जाओ और मेरे बच्चों को सँभालो।"

"तुमने मुझे बहुत ही कठिन काम सौंपा है, संज्ञा। फिर भी मैं भरसक प्रयत्न करूँगी।" छाया बोली और वहाँ से चली गई।

उसके जाने के बाद संज्ञा सोचने लगी, "मैं मायके जाती हूँ। माँ और पिताजी मुझे देखकर प्रसन्न होंगे। मैं कुछ समय वहाँ रहूँगी। परंतु पिताजी कहेंगे, स्त्री की शोभा पति के घर रहने में ही है।" ऐसे ही विचारों में उलझी वह मायके को चल पड़ी।

रास्ते में उसके मस्तिष्क में उलझनें टकराने लगीं। वह सोचने लगी, 'पिताजी जब मुझे लौट जाने को कहेंगे तब मैं जंगल में चली जाऊँगी।' संज्ञा अपने मायके पहुँची। पिता ने उसका बड़ा सत्कार किया। बोले, "आओ बेटी! सब कुशल-मंगल तो है?"

"नहीं पिताजी! आपने ठीक ही कहा था। ग्रीष्म ऋतु में मैं सूर्यदेव का ताप सहन न कर सकी।"

संज्ञा कुछ दिन वहाँ सुख से रही। एक दिन पिता ने उससे कहा, "संज्ञा! तुम्हारे आने से मुझे बड़ा हर्ष हुआ है। परंतु विवाह हो जाने के बाद स्त्री को मायके में अधिक समय तक नहीं रहना चाहिए। अब तुम अपने पति के घर जाओ। फिर कभी हमसे मिलने आना। तुम मुझे बहुत प्यारी हो किंतु पति का घर ही स्त्री का घर होता है।"

'यही मैंने सोचा था।' संज्ञा मन-ही-मन बोली और एक रात चुपचाप पिता का घर छोड़कर जंगल में चली गई। वह सोचने लगी, 'मैं सूर्य के सामने नहीं जा सकती, अतः घोड़ी बन जाती हूँ। उस रूप में मुझे कोई पहचान नहीं पाएगा।'

घोड़ी का रूप धारण कर संज्ञा, सूर्य के ताप की शक्ति को कम करने के लिए तपस्या करने लगी।

उधर, छाया ने सूर्य के यहाँ जाकर संज्ञा का स्थान ले लिया था। सूर्यदेव ने उसे संज्ञा ही समझा, वे बोले, "तुम लौट आई मेरे यहाँ?"

"क्षमा कर दो स्वामी! मैंने अपनी दुर्बलता को जीत लिया है।" छाया खेद भरे स्वर में बोली।

"संज्ञा! मैं तो कब का तुम्हें क्षमा कर चुका। अब घर की जिम्मेदारी सँभालो। बच्चों का लालन-पालन करो।" सूर्यदेव ने कहा।

छाया ने कक्ष में लेटे दोनों बच्चों पर निगाह डाली और घर की जिम्मेदारियाँ सँभाल लीं।

छाया इस घर में सुखी थी। वह प्रायः सोचा करती, 'बेचारी

संज्ञा! कितना अच्छा घर त्यागना पड़ा उसे। क्या वह कभी नहीं लौटेगी?' समय पाकर छाया को एक पुत्र हुआ। पुत्र पैदा होने के बाद वह कुछ चिंतित रहने लगी, 'मुझे यह नहीं भूलना चाहिए कि मैं संज्ञा की छाया ही हूँ।'

छाया ने एक पुत्र और पुत्री को जन्म दिया। अब छाया का व्यवहार बदलने लगा। वह अपने बच्चों से तो प्यार करती थी लेकिन संज्ञा के बच्चों को ताड़ने और उनके साथ दुर्व्यवहार करने लगी। मनु ने तो विमाता के व्यवहार को नजरअंदाज कर दिया, लेकिन यम को उसका व्यवहार खटकता रहा, माता छाया का यमुना बहिन के साथ ऐसा व्यवहार करना उचित नहीं। वह अपने बच्चों के साथ तो कितना अच्छा व्यवहार करती है, हम भाई-बहिन से नफरत।

एक दिन तो हद ही हो गई। छाया ने यमुना के बाल पकड़े और उसे डंडे से पीटते हुए बोली, "कम्बख्तों! मरते भी तो नहीं। मर जाएँ तो मेरा पीछा छूटे।"

जब छाया देर तक यमुना को पीटती रही तो यम से न रहा गया। उसने जाकर छाया का हाथ पकड़ लिया और गुस्से से बोला, "बस माता! अब तुमने यमुना पर हाथ उठाया तो मुझसे बुरा कोई न होगा।"

"अच्छा! तेरी यह हिम्मत! मुझे धमकी देता है। ठहर जा, आज मैं तेरे पिता से इसकी शिकायत करूँगी।" छाया क्रोध से सिहर उठी।

छाया ने तो इस डर से सूर्यदेव से शिकायत न की कि कहीं

उसका भेद उजागर न हो जाए, लेकिन यम और यमुना ने तंग आकर अपने पिता से उसकी शिकायत अवश्य कर दी, "पिताजी! यह स्त्री हमारी माँ नहीं है।" यम ने कहा।

"हाँ पिताजी! पुत्र माता से विमुख हो सकता है, परंतु माता की ममता कभी कम नहीं होती।" यमुना भी बोल उठी।

"मैं देख लूँगा। तुम जाओ। डरो नहीं, सब ठीक हो जाएगा।" ऐसा कहकर सूर्यदेव ने बच्चों को धैर्य बँधाया, लेकिन बच्चों के जाते ही वे सोच में पड़ गए।

'बच्चे ठीक कहते हैं। यह अवश्य कोई मायाविनी है।'

सूर्यदेव गुस्से में भरकर छाया के पास पहुँचे और उसके केश पकड़कर झकझोरते हुए बोले, "सच बताओ, तुम कौन हो? अन्यथा मैं तुम्हें कठोर दंड दूँगा।"

"ठहरिए स्वामी!" भय से काँपती छाया बोली, "म...मैं संज्ञा की छाया हूँ। वह आपकी देखभाल का भार किसी को सौंपे बिना नहीं जाना चाहती थी, इसलिए उसने मुझे आपके पास भेज दिया।"

"वह कहाँ गई?" सूर्यदेव ने पूछा।

"अपने पिता के यहाँ।"

सूर्यदेव सीधे विश्वकर्मा के पास पहुँचे और उनसे पूछा, "संज्ञा कहाँ है?"

"वह तुम्हारे तेज से बचने के लिए यहाँ आई थी।" विश्वकर्मा ने बताया।

"तो आप मेरा तेज घटा दीजिए, फिर उसे खोजने के लिए चलते हैं।" सूर्यदेव बोले।

विश्वकर्मा ने सूर्यदेव के तेज का आठवाँ भाग छाँट दिया, जिससे उनका तेज घट गया। फिर वे संज्ञा को खोजने निकले। उन्होंने राहगीरों से पूछताछ की, "तुमने इधर कोई घोड़ी देखी है?"

"हाँ। एक विलक्षण घोड़ी को हमने नदी के पास विचरण करते देखा है।" राहगीरों ने बताया।

"उसमें विलक्षण क्या बात है?"

"वह घोड़ी मानवी भाषा में बोलती है, देव।"

"तब तो यह अवश्य ही संज्ञा होगी।" सूर्यदेव बोले।

सूर्य घोड़ी के निकट पहुँचे और कहा, "संज्ञा! मैं सूर्य हूँ, तुम्हारा पति। अब यह घोड़ी का रूप त्याग दो।"

"जब तक मेरी मनोकामना पूरी न होगी, मैं यह रूप नहीं त्यागूँगी।" घोड़ी बनी संज्ञा ने उत्तर दिया।

"तुम्हारी मनोकामना तो पूरी भी हो गई।" सूर्य ने कहा।

"सूर्यदेव ठीक कहते हैं, बेटी!" विश्वकर्मा बोले, "मैंने इनके तेज का आठवाँ भाग काट दिया है।"

पिता से आश्वासन पाकर संज्ञा ने अपना घोड़ी वाला रूप त्याग दिया और अपने स्वाभाविक रूप में आ गई। वह हर्ष से अपने पिता से लिपट गई और फूट-फूटकर रोने लगी। फिर उसने झुककर सूर्यदेव के पाँव हुए और पूछा, "स्वामी! हमारे बच्चे तो सकुशल हैं न?"

"हाँ! दोनों बच्चे ठीक हैं। मनु, यम और यमुना को अब फिर से माँ मिल जाएगी।" सूर्यदेव ने मुसकराकर कहा।

"मैं अब कभी भी अपना घर त्यागकर नहीं जाऊँगी।" संज्ञा

बोली, "आप छाया को क्षमा कर देना और अपने साथ ही रखना।"

दोनों का मिलन देखकर विश्वकर्मा ने भी अपना आशीर्वाद प्रदान किया, "जाओ और सदा सुख-शांति से रहो।"

सूर्यदेव और संज्ञा सूर्यलोक पहुँचे और छाया और बच्चों के साथ आनंदपूर्वक रहने लगे।

□

महिषासुर की कथा

महिषासुर ने ब्रह्मा जी से वरदान पाने के लिए कठोर तप किया। उसकी तपस्या से प्रसन्न होकर ब्रह्मा जी ने उसे दर्शन दिए। ब्रह्मा जी ने उससे वर माँगने को कहा तो महिषासुर ने कहा, "प्रभु! मुझे अमर कर दीजिए।"

"यह असंभव है, भक्त! जो जन्मा है, उसे मृत्यु से छुटकारा नहीं मिल सकता।" ब्रह्मा जी ने कहा।

महिषासुर सोच में पड़ गया, 'अब क्या करूँ, इस तरह तो मेरी तपस्या ही व्यर्थ चली जाएगी।' फिर कुछ सोचकर उसने कहा, "प्रभु! यदि मुझे मरना ही है तो मुझे यह वर दीजिए कि मेरी मृत्यु किसी पुरुष के द्वारा न होकर किसी स्त्री के हाथों हो।"

ब्रह्मा जी ने 'तथास्तु' कहा और अंतर्धान हो गए। ब्रह्मा के जाने के बाद महिषासुर सोचने लगा, 'एक अबला और असहाय स्त्री मुझे कैसे मार पाएगी? ब्रह्मा जी ने ऐसा वर देकर तो मुझे एक तरह से अमर ही कर दिया है।'

खुशी में फूला हुआ महिषासुर वापस पाताल लोक पहुँचा। उसे देखकर असुरों ने उसकी जय-जयकार की। महिषासुर बोला,

"अब देवता मेरा कुछ नहीं बिगाड़ सकते, स्वर्गलोक पर चढ़ाई करने की तैयारी करो।"

शीघ्र ही असुर-सेना स्वर्गलोक जा पहुँची। इतनी बड़ी सेना देखकर स्वर्गलोक के रखवाले घबरा गए और वे देवराज इंद्र को सूचना देने दौड़ पड़े। उन्होंने देवराज इंद्र को असुर-सेना के आने की बात बताई तो देवराज इंद्र ने भी तत्काल अपनी सेना को उनका मुकाबला करने का आदेश दे दिया। देवेंद्र अपने ऐरावत हाथी पर चढ़कर स्वयं असुरों का मुकाबला करने पहुँचे। उन्होंने चिल्लाकर असुरराज महिषासुर से कहा, "महिषासुर! तुम जहाँ हो, वहीं वापस लौट जाओ। तुम बार-बार अमरावती पर आक्रमण करते रहे हो और हर बार पराजित होकर लौटे हो। अपनी प्रजा के प्राणों से न खेलो, लौट जाओ, अन्यथा इस बार मेरे हाथों जरूर मारे जाओगे।"

"इंद्र! मैं बातें करने नहीं, युद्ध करने आया हूँ। मुँह बंद करो और हथियार उठाओ।" महिषासुर गरजा।

महिषासुर का ताना सुनकर देवेंद्र तिलमिला उठे। उन्होंने अपना वज्र उठाया और महिषासुर पर झपट पड़े। देवेंद्र के आगे बढ़ते ही देव-सेना भी असुर पर पिल पड़ी। घमासान युद्ध शुरू हो गया। लेकिन कुछ ही देर के युद्ध के बाद असुर सेना देव-सेना पर भारी पड़ने लगी। असुर उत्साह से भरे हुए थे। उन्होंने इतने वेग से हल्ला बोला कि देव-सेना के पाँव उखड़ गए। देव-सैनिक जान बचाने के लिए भाग छूटे।

देवताओं को खदेड़कर महिषासुर ने इंद्र का सिंहासन हथिया लिया और सिंहासन पर बैठकर कहा, "आज से मैं देवताओं

का स्वामी हूँ। अब से सब लोग केवल मेरी पूजा करेंगे। ब्रह्मा, विष्णु और शिव की कोई पूजा नहीं करेगा।"

महिषासुर के सैनिक ऋषि-मुनि आदि सबको देव-पूजा से रोकने लगे। विरोध करने पर वे ऋषि-मुनियों को बहुत मारते-पीटते और उनकी हत्या कर देते। इससे तीनों लोकों में आतंक फैल गया। सब लोकों में त्राहि-त्राहि मचने लगी। देवता भागकर कैलाश पर्वत पर पहुँचे और शिव से कहा, "हे देव! हमारी रक्षा कीजिए। महिषासुर के अत्याचारों से तीनों लोक काँप रहे हैं। उसकी शक्ति के आगे हम लाचार हो गए हैं। ऐसा कब तक चलता रहेगा देव! क्या इसी तरह सज्जनता पर दुर्जनता की विजय होती रहेगी?"

शिव ने देवताओं को आश्वस्त किया, "हे देवो, निश्िंचत हो जाओ। बहुत शीघ्र तुम्हारे दुर्दिनों का अंत होगा। मैं ब्रह्मा और विष्णु से मिलकर कोई उपाय निकालूँगा।"

तीनों महा-देव मिले और महिषासुर को मारने की एक योजना बनी। तीनों महादेवों के मुख से एक अनुपम तेज-पुँज प्रकट हुआ। वैसा ही तेज-पुँज इंद्र आदि देवों के मुख से भी निकला। वह तेज-पुँज नारी रूप में परिवर्तित हो गया। उसके हजार बाँहें थीं। ये देवी दुर्गा थीं। देवतों ने समवेत स्वरों में देवी की आराधना की, "हे देवी! तुम्हीं जगत की उत्पत्ति का कारण हो। तुम दुर्गा हो, तुम्हीं पराशक्ति हो। समस्त शक्ति का स्रोत भी तुम्हीं हो। दुष्ट महिषासुर का नाश करके हमारी रक्षा करो।"

भगवान शिव ने अपने त्रिशूल से एक और त्रिशूल निकालकर दुर्गा को भेंट किया। विष्णु ने सुदर्शन चक्र तथा देवराज इंद्र ने देवी

को अपना वज्र दिया। इसी प्रकार अन्य देवों ने भी अपने-अपने दिव्यास्त्र देवी को भेंट किए।

शस्त्रास्त्र लेकर दुर्गा सिंह पर सवार हुई। उन्होंने इतने जोर से नाद किया कि सागर में ऊँची-ऊँची भयंकर लहरें उठने लगीं। पृथ्वी काँप गई और पर्वत हिल उठे। महिषासुर का सिंहासन डोल उठा और वह चीख उठा, "अरे यह क्या हो रहा है। अचानक यह भयंकर नाद कैसा है?"

महिषासुर पता लगाने के लिए अपने महल से बाहर निकला। बाहर सिंहवाहिनी दुर्गा मौजूद थीं। महिषासुर उन्हें देखकर बोला, "ओह, तो तू है ये गर्जना करने वाली। पर तू तो एक साधारण नारी है।"

"मैं साधारण नारी नहीं हूँ, मैं ब्रह्मा जी का दिया हुआ वचन पूरा करने आई हूँ। तूने नारी के हाथों मरने का वचन माँगा था न?" दुर्गा तिक्त स्वर में बोलीं।

महिषासुर ने तुरंत अपनी तलवार निकाली और जोर से चिल्लाया, "सैनिकों, इसे पकड़ो। मार डालो इसे।"

महिषासुर के आदेश करने की देर थी कि असुर दुर्गा पर तरह-तरह के अस्त्र-शस्त्रों का प्रहार करने लगे।

देवी दुर्गा ने एक लंबी निःश्वास भरी। उनके निःश्वास से हजारों गण पैदा हो गए, जो असुर सेना का विध्वंस करने लगे। देवी दुर्गा के वाहन सिंह ने भी महिषासुर की सेना में घुसकर सहस्रों असुरों को यमलोक पहुँचा दिया। अब तो महिषासुर गुस्से से पागल हो उठा। वह चीखा, "मैं इस दानवी को और इसकी

सेना को नष्ट कर दूँगा।"

महिषासुर ने एक भैंसे का रूप धारण किया और फुफकारता हुआ देवी दुर्गा पर झपटा। दुर्गा के कई गण उसके पैरों तले रौंद डाले गए। दुर्गा के अनेक गण उस भैंसे की पूँछ की फटकार से मारे गए। यह देख देवी को क्रोध आ गया। उसने पाश फेंककर भैंसे को बाँध लिया। महिषासुर ने अपना पूरा जोर लगाया और देवी का फेंका हुआ पाश तोड़ डाला। अब वह सिंह का रूप धारण कर देवी पर झपटा, लेकिन देवी दुर्गा ने तलवार से उसका सिर काट डाला। सिर कटते ही वह पुनः अपने पहले वाले रूप में आ गया और खाँडा निकालकर देवी की ओर लपका, लेकिन देवी ने इस बार भी अपनी शक्ति से उसका वध कर डाला। लेकिन वह फिर भी नहीं मरा और एक विकराल हाथी बनकर दुर्गा की ओर झपटा। लेकिन देवी भी सतर्क थीं। उन्होंने तलवार से उसकी सूँड काट दी। इस पर वह पुनः भैंसा बनकर देवी की ओर गर्जना करता हुआ दौड़ा। दुर्गा ने घृणा से उसकी ओर देखा और बोलीं, "मूढ़! अभी तू गरज ले, पर क्षण भर बाद तू मेरे हाथों मारा जाएगा। तब देवता हर्ष से गर्जना करेंगे।"

दुर्गा की बात सुनकर महिषासुर क्रोध में भरकर उनकी ओर झपटा, परंतु देवी ने उछलकर उसको अपने एक पाँव तले दबा लिया। महिषासुर अपने को छुड़ाने के लिए जोर लगाने लगा। जैसे ही उसका आधा शरीर भैंसे के मुख से निकला, देवी ने तलवार उठाई और उसका सिर काट डाला। यह देख देवताओं की खुशी का ठिकाना न रहा। वे प्रकट होकर देवी की स्तुति करने लगे, "हे

देवी! तुम धन्य हो। तुम धर्म की रक्षा और पापों का नाश करने वाली हो। हम तुम्हारा वंदन करते हैं, देवी। इसी तरह सदैव ही हमारी रक्षा करती रहना।"

इस प्रकार देवता और सज्जन मानव महिषासुर के अत्याचारों से मुक्त हो गए। तीनों लोकों में देवी दुर्गा की कीर्ति फैल गई।

□

शिव का वरदान

एक समय मुनि मार्कण्डेय समाधि लगाए अपने आश्रम में बैठे थे। इतने में देवाधिदेव भगवान शंकर जगजननी पार्वती के साथ नंदी पर सवार होकर उसी मार्ग से निकले।

मुनि को शांत-भाव से बैठे देखकर पार्वती जी भगवान शंकर से बोलीं, "भगवन्! ये कोई महातपस्वी मुनि मालूम होते हैं। इन्हें सिद्धि प्रदान कीजिए, क्योंकि सारी तपस्याओं को सिद्ध करने वाले आप ही हैं।"

शंकर बोले, "हे पार्वती! ये मार्कण्डेय मुनि भगवान पुरुषोत्तम के बड़े भक्त हैं, अतएव ये तप के द्वारा कोई सिद्धि नहीं चाहते। अधिक क्या कहें, इन्हें मोक्ष की भी परवाह नहीं है, फिर सांसारिक सुखों की तो बात ही क्या है? तथापि हे पार्वती! हम चलकर थोड़ी देर इनसे वार्तालाप करें, क्योंकि साधु-समागम से बढ़कर संसार में कोई लाभ नहीं है।" यह कहकर भगवान शंकर मुनि के समीप गए। किंतु मुनि की वृत्तियाँ ब्रह्म में लीन होने के कारण उनका ब्रह्म-ज्ञान लुप्त हो गया था, अतएव उन्हें जगदात्मा शिव-पार्वती के आने का पता ही नहीं लगा। यह देखकर भगवान शंकर अपनी

योगमाया के प्रभाव से मुनि की हृदयगुहा में प्रविष्ट हो गए।

मुनि ने देखा कि उनके हृदय में एकाएक एक पीली जटाओं वाली, त्रिशूल, धनुष-बाण तथा ढाल-तलवार से सुसज्जित, शरीर में व्याघ्रचर्म लपेटे, रुद्राक्ष-माला, डमरू, नरकपाल और फरसा धारण किए, तीन नेत्र और दस भुजाओं वाली मूर्ति प्रकट हो गई। इस विकराल मूर्ति को हृदयस्थित देखकर मुनि को बड़ा आश्चर्य हुआ और इसी आश्चर्य में उनकी समाधि टूट गई।

मुनि ने आँख खोलकर देखा तो सामने भगवान रुद्र पार्वती सहित अपने गणों को साथ लिए खड़े थे। मुनि ने उन्हें साष्टांग प्रणाम किया और पार्वती सहित उनकी भक्तिपूर्वक पूजा की।

प्रसन्न होकर भगवान शंकर बोले, "हे मुने! हम तुम्हारी भक्ति से बहुत प्रसन्न हैं, अतः हमसे इच्छित वर माँगो। ब्रह्मा, विष्णु और मैं, तीनों ही वर देने वालों में श्रेष्ठ हैं। तुम्हारी तरह जो लोग हम तीनों की समान भाव से भक्ति करते हैं तथा जो शांत, निसंग, निवैर, प्राणिमात्र के प्रति दया करने वाले और सर्वत्र समदृष्टि रखने वाले हैं, उनकी इंद्र आदि लोकपाल ही नहीं अपितु हम तीनों भी वंदना और सेवा-पूजन करते हैं। क्योंकि आप लोग हम तीनों में, अपने में तथा जगत के अन्य प्राणियों में अणुमात्र भी भेद नहीं देखते। अतएव हम लोग आप जैसे ब्राह्मणों का भजन किया करते हैं। तीर्थ और देवता तो चिरकालपर्यंत सेवा करने पर फल देते हैं, किंतु आप जैसे साधु पुरुष तो दर्शन मात्र से ही कृतार्थ कर देते हैं। जो तुम्हारी भाँति चित्त को एकाग्र करके तप, स्वाध्याय और संयम में रत रहते हैं, उन ब्राह्मणों को हम सदा

नमस्कार किया करते हैं। आप सदृश महानुभावों के दर्शन अथवा नाम सुनने मात्र से ही महापातकी और चांडाल भी शुद्ध हो जाते हैं, फिर जिन्हें आप लोगों के साथ संषण आदि का सौभाग्य प्राप्त होता है, उनकी तो बात ही क्या है।"

भगवान शंकर के इन वचनों को सुनकर ऋषि गद्गद हो गए। वे बोले, "भगवन्! मैं तो आपके दर्शन मात्र से कृतार्थ हो गया, और वरदान क्या माँगूँ? तथापि आपसे मेरी यही प्रार्थना है कि मेरी भगवान में अच्युत और उनके भक्तों में तथा आप में अनन्य भक्ति हो।"

शंकर बोले, "हे विप्रवर! तुम्हारी यह अभिलाषा पूर्ण हो। इस कल्प के अंत तक तुम्हारी कीर्ति अटल रहेगी और तुम अजर, अमर रहोगे। तुम्हें त्रिकाल-विषयक ज्ञान, विज्ञान, वैराग्य और पुराणों का आचार्यत्व प्राप्त होगा।"

यह कहकर भगवान शंकर वहाँ से चले गए। महामुनि मार्कण्डेय योग की महान् सामर्थ्य तथा भगवान जनार्दन की एकांत-भक्ति प्राप्त कर भूलोक में विचरने लगे और वे 'चिरंजीव' के नाम से विख्यात हुए।

पुराणों में वर्णित एक उल्लेख के अनुसार, महर्षि मार्कण्डेय के तप से प्रसन्न होकर भगवान नारायण ने पुत्र-रूप में उनके यहाँ जन्म लिया था।

□

माँ दुर्गा की कथा

एक बार असुरों के स्वामी शुंभ ने देवताओं को स्वर्गलोक से निकाल बाहर किया। उन्होंने दूर तक देवताओं का पीछा किया। देवता किसी प्रकार अपनी जान बचाकर हेमवत पर्वत पर पहुँचे और देवी दुर्गा की स्तुति करने लगे।

"हे देवी माँ! तुम सब प्रकार के मंगल की कारणीभूत हो। दुष्ट शुंभ का नाश करके सबका कल्याण करो।"

उसी समय पार्वती गंगा में स्नान करने के लिए आई थीं। उन्होंने देवताओं की करुण पुकार सुनी तो उन्होंने अपने शरीर से माता अंबिका को प्रकट किया। उनका मनोहारी रूप देखकर असुर सेनापति चंड और मुंड विस्मित हो उठे। बोले, "यह नारी तो बहुत रूपवती, है चलो चलकर अपने राजा शुंभ को बताते हैं।"

चंड और मुंड ने आकर शुंभ के सामने अंबिका के रूप का वर्णन किया तो शुंभ ने कहा, "यदि वह स्त्री इतनी ही रूपवती है तो मैं जरूर उसको वरण करूँगा। जाओ और उसे मेरे पास ले जाओ।" चंड और मुंड तुरंत फिर से हेमवत पर्वत पर पहुँचे और माँ अंबिका से बोले, "हे सुंदरी! दैत्यराज शुंभ, जो तीनों लोकों के स्वामी हैं ओर दोनों लोकों की संपदा जिनके अधिकार में है, वे

तुमसे विवाह करना चाहते हैं।"

"परंतु मैंने तो प्रतिज्ञा कर रखी है कि जो संग्राम में मुझे जीतकर मेरे गर्व को चूर करेगा, वही मेरा स्वामी होगा।" माता अंबिका ने कहा।

"देवता भी जिन दैत्यराज के सामने नहीं टिक सके, उनसे तुम अकेली नारी युद्ध करना चाहती हो? तुम चुपचाप उनके पास चली जाओ। इसी में बुद्धिमानी है।" चंड ने कहा।

"परंतु मैंने बहुत पहले और बिना सोचे-समझे प्रतिज्ञा तो कर ली थी, उसे मैं मिथ्या नहीं कर सकती।" देवी ने शांत स्वर में कहा।

चंड और मुंड दोनों भुनभुनाते हुए वहाँ से चले गए। शुंभ के सम्मुख पहुँचकर जब उन्होंने माँ अंबिका का संदेश सुनाया तो शुंभ फड़क उठा। बोला, "ठीक है, वह युद्ध चाहती है तो युद्ध ही होगा।"

शुंभ ने अपने धूम्रलोचन नाम के सेनापति को बुलाकर आज्ञा दी, "जाओ उस दुष्टा को पकड़कर ले जाओ।"

धूम्रलोचन अपनी विशाल सेना लेकर हेमवत पर्वत पर अंबिका के पास पहुँचा और बोला, "सुंदरी! तुम अपनी इच्छा से मेरे स्वामी के पास नहीं चलोगी तो मैं बलपूर्वक तुम्हें ले जाऊँगा।"

अंबिका ने भयभीत होने का ढोंग किया। बोली, "मैं तो अबला हूँ। मैं तुम्हारा क्या बिगाड़ लूँगी।"

"तो फिर हमारे स्वामी के साथ विवाह कर लो।" धूम्रलोचन ने कहा।

"अब क्या बताऊँ तुम्हें। मैंने प्रतिज्ञा ही ऐसी कर ली है कि युद्ध किए बिना विवाह नहीं कर सकती।" अंबिका बोली।

तब धूम्रलोचन बिना कहे-सुने देवी पर चढ़ दौड़ा। माँ अंबिका ने बड़े घृणा-भाव से सिर्फ 'हुँ' का उच्चारण किया, जिससे धूम्रलोचन जलकर भस्म हो गया और उसकी जगह राख की ढेरी रह गई।

यह देख दैत्य-सेना भयभीत हो उठी और वहाँ से भागने लगी। लेकिन तभी भागती सेना को चंड और मुंड ने रोका। बोले, "हमारे स्वामी ने आज्ञा दी है कि इस दुष्टा को पकड़ लाएँ। यह अकेली है और हम इतने हैं, फिर क्यों भागते हो? हम इसे घेरकर अभी पकड़ लेंगे।"

दैत्य हिम्मत कर अंबिका की ओर बढ़े, जो अब सिंह पर सवार हो गई थी। उनकी भृकुटि तन गई। तब उनके मस्तिष्क से प्रकट हुई, माँ काली। काली दैत्यों पर टूट पड़ीं। उन्होंने एक हाथ से एक हाथी उठाकर दैत्यों पर फेंका। अनेक असुर उस हाथी के नीचे दबकर मर गए। यह देख चंड क्रोध में भरकर काली की ओर झपटा, "ठहर तो दुष्टा! मैं तुझे अभी मारकर चील-कौओं को खिलाता हूँ।"

काली ने उसके केश पकड़े और उसका सिर काट डाला। यह देख मुंड को बड़ा गुस्सा आया। वह पूरे वेग से काली पर झपटा, किंतु उसका भी वही हाल हुआ जो चंड का हुआ था। माता काली ने उसकी गरदन भी काट फेंकी।

तब माँ अंबिका ने काली से कहा, "तुमने चंड और मुंड का नाश कर संसार को दैत्यों के भय से मुक्त किया, अतः भविष्य में 'चामुंडा' के नाम से भी तुम्हारी ख्याति फैलेगी।"